Peter Schweer

Das optimal getrimmte Rigg

mit 8 Trimmtabellen

Delius Klasing Verlag

Dieses Buch ist unter dem Titel HOW TO TRIM SAILS
bei A & C Black (Publishers), London und Sheridan House, New York,
unter HET BETER GETRIMDE TUIG bei Uitgeverij Hollandia BV, AD Bloemendaal
und unter EL CORRECTO TRIMADO DEL APAREJO bei Ediciones Tutor, Spanien,
erschienen.

Von Peter Schweer ist im Delius Klasing Verlag
auch das folgende Buch erschienen:
Die schnelle Fahrtenyacht, Trimm- und Regattatipps (Yacht-Bücherei, Band 129).
Es erschien unter dem Titel KAJUITJACHTEN OP DE WEDSTRIJDBAAN
bei Uitgeverij Hollandia BV, AD Bloemendaal.

Bibliografische Information Der Deutschen Bibliothek

Die Deutsche Bibliothek verzeichnet diese Publikation
in der Deutschen Nationalbibliografie;
detaillierte bibliografische Daten sind im Internet
über »http://dnb.ddb.de« abrufbar.

9. Auflage
ISBN 3-87412-127-5
© by Delius Klasing Verlag GmbH, Bielefeld

Fotos: Peter Schweer
Titelfoto: Michael Naujok
Zeichnungen: Peter Schweer, John Bassiner
Druck: Kunst- und Werbedruck, Bad Oeynhausen
Printed in Germany 2003

Delius Klasing Verlag, Sickerwall 21, D-33602 Bielefeld
Tel. 0521/559-0, Fax 0521/559-115
e-mail: info@delius-klasing.de
www.delius-klasing.de

Inhalt

Weshalb diese »Trimmfibel?«

Dieses Buch habe ich für Segler geschrieben, die das Segeln in seiner ursprünglichen Form zu achten wissen. Für solche, die nicht nur die Bequemlichkeit des »Segelbootfahrens« suchen, sondern selbst beim Fahrtensegeln sportlichen Ehrgeiz entwickeln, um ihre Jolle oder Yacht – mit vertretbaren Mitteln und den Umständen entsprechend – schnell zum nächsten Zielhafen zu segeln. Wer behauptet, Segelsport zu betreiben, kommt – so meine ich – um diese Einstellung nicht herum.

Mit dieser »Trimmfibel« sollen sich vor allem diejenigen Skipper und Vorschotleute angesprochen fühlen, die nervös auf der Cockpitducht oder auf dem Seitendeck herumrutschen, wenn ein anderes Boot von achtern aufkommt und in Luv – oder gar in Lee – langsam vorbeizieht.

Fahrtensegler, die gelegentlich an einer Clubregatta teilnehmen möchten, finden ausführliche Hinweise in Form von »Bedienungsanleitungen« über den richtigen Grundtrimm und bewährte Tipps für das Umtrimmen des Riggs bei wechselnden Wind- und Wellenverhältnissen.

Regattasegler werden darüber hinaus erprobte Trimmfeinheiten und Tricks nachschlagen können.

Ich habe Trimmerfahrungen zusammengestellt, die ich während der letzten 50 Jahre als Skipper verschiedenster Bootstypen – vom Piraten bis zur 12-Meter-R-Yacht – gesammelt habe. Es mögen etwa 700 Boote gewesen sein.

Ich habe bewusst vermieden, Formeln, Diagramme und Zahlenwerte zu benutzen, denn es soll nicht der Eindruck einer wissenschaftlichen Abhandlung erweckt werden. Solche haben ihre Berechtigung bei statischen Untersuchungen im Windkanal oder im Schlepptank. Ich habe vielmehr versucht, mich so leicht verständlich auszudrücken, wie ich es von vielen Riggtrimm-Demonstrationsveranstaltungen auf Bootsausstellungen her gewohnt bin.

Das Trimmen der Segel ist eine Kunst, keine Wissenschaft. Diese Kunst gilt es zu erlernen. Und damit ist auch das Ziel dieses Buches definiert: Ich möchte Ihnen die Kunst des Segeltrimmens näher bringen. Ohne Ballast. Auch ohne die Notwendigkeit, teure Extras für Ihr Boot kaufen zu müssen. Sämtliche Trimmhinweise können mit den normalerweise an Bord vorhandenen Trimmeinrichtungen in die Praxis umgesetzt werden.

Das richtige Einstellen der Segelprofile gehört zum guten Stil an Bord eines Segelbootes oder Motorseglers. Ein (fast) ständiges Beobachten der Segel und ihres Wind-Einfallwinkels sollte genauso selbstverständlich sein wie der häufige Blick in den Rückspiegel beim Autofahren. Streng genommen ist nur ein einziges Profil pro Segel für die jeweiligen Bedingungen – deren Parameter Windstärke, Wind-Einfallwinkel und Wellenbild sind – das richtige. Die Kunst des Segeltrimmens besteht nun darin, das Segel weitgehend der vermeintlichen Idealform anzupassen. Hierzu sind Grundkenntnisse aus der Aerodynamik genauso vorteilhaft wie Erfahrungen, die bei Geschwindigkeitsvergleichen mit anderen Booten gewonnen wurden.

Ich möchte nicht verschweigen, dass es mit dem Lesen dieses Buches allein noch nicht getan ist. Der Stoff muss zusätzlich erarbeitet werden. Stellen Sie daher diese »Trimmfibel« nicht in den Bücherschrank Ihres Wohnzimmers (der Buchrücken ist ohnehin nicht sehr dekorativ). Sie gehört an Bord; nur hier kann, zusammen mit der praktischen Anwendung, ein Erfolg erarbeitet werden. Wer vor oder nach einer Wettfahrt in das Bücherschapp seines Bootes greift, um das eine oder andere Trimm-Kapitel nachzuschlagen, der hat den Sinn dieses Buches richtig verstanden.

Schließlich möchte ich mich bei allen meinen Bekannten und Freunden bedanken, mit denen ich gemeinsam segeln durfte und von denen ich das Trimmen von Rigg und Segeln gelernt habe. Ich denke dabei vor allem an: Ralf Steckhan, Bernie Beilken, Ulli Libor, Hans Otto Schümann, Rodney Pattisson und vor allem Adje Hauschildt. Auch stecken in diesem Buch Trimm-Erfahrungen, die ich während diverser »Happy Racing«-Regatta-Trainingsveranstaltungen im Mittelmeer beim Blick über die Schultern von Vincent Hoesch, Peter Nowka, Willy Kuhweide und Wilfried Schomäker sammeln konnte. Viele Anregungen habe ich während meiner Riggtrimm-Demonstrationsvorträge auf den Bootsausstellungen von Besuchern erhalten; viele dort an mich gestellte Fragen halfen mir, dieses Buch gezielt auf die Bedürfnisse der Segler abzustimmen. Nach fast 15 Jahren liegt nun die neunte Auflage vor. Ein schöner Beweis für mich, wie groß das Interesse vieler Segler gerade an diesem Thema ist.

Die Trimmhinweise in diesem Buch können auch in meinen jährlich im Norden von Mallorca stattfindenden Lehrgängen »RIGGTRIMM-, SPINNAKER- UND REGATTA-TRAINING« in die Praxis umgesetzt werden.

Sehen wir uns dort?

Hamburg, im Herbst 2003   *Peter Schweer*

Grundsätzliches und Vorbereitendes zum Trimmen der Segel

Der erfolgreiche Trimm eines Bootes hängt nicht nur vom Know-how der Crew ab, sondern auch vom Trimm-Instrumentarium.
Die Schoten, Fallen und Strecker müssen
- übersichtlich geordnet
- gut erreichbar
- leichtgängig
- und intakt sein

Sämtliche Fallen und Strecker, sogar Spinnakerbaum-Niederholer und -Toppnant werden zum Cockpit umgelenkt. Einige Hebelklemmen können allerdings nicht vom Cockpit aus bedient werden, da sie zu weit vorn auf dem Deck platziert sind.

Ein Wirrwar von unsortiert herumliegenden Leinen kann dazu führen, dass sich, beispielsweise beim schnellen Fieren eines Falls, ein Knoten bildet und das Fall blockiert. Das Chaos ist vorprogrammiert. Einige Regattayachten fahren aus diesem Grund ein im Mastfußbereich gelaschtes großes Messer spazieren – für alle Fälle. Zur Vermeidung eines solchen Falles sollten rechtzeitig vor der Einleitung eines Manövers alle Leinen eindeutig und unverwirrbar zurechtgelegt werden.

Gleichfarbiges Tauwerk kann zu Verunsicherungen bei der Bedienung führen, zu leicht ergreift man mal das falsche Ende. Zwecks eindeutiger Identifikation lohnt sich deshalb die Verwendung unterschiedlich gefärbter oder gekennzeichneter Leinen.

Die vom Mastbereich kommenden Fallen und Strecker werden auf dem Kajütdach zum Cockpit hin umgelenkt. Auf kleinen Booten kann für das Durchsetzen auf eine Winsch verzichtet werden. Die Curry-Klemmen lassen sich durch die Dymo-Beschriftung klar zuordnen, die Leinenenden verschwinden in praktischen Stautaschen. Verschiedenfarbiges Tauwerk trägt dazu bei, Verwechslungen zu vermeiden.

Eine vorbildliche Anordnung der zum Cockpit hin umgelenkten Fallen und Strecker. Die Winsch dient für alle fünf Leinen, die von Hebelklemmen in ihren Positionen gehalten werden.

Bei umfangreichem Trimminstrumentarium oder häufig wechselnder Crew ist eine deutliche Kennzeichnung vor allem der Hebelklemmen auf dem Kajütdach unerlässlich. Hierfür eignen sich Filzschreiber (z. B. Typ EDDING 3000) mit wasserfester Tinte ausgezeichnet. Die Beschriftung lässt sich später vom Kajütdach mit Spiritus oder Poliermittel wieder entfernen.

Wesentliche Trimmeinrichtungen sollten von Luv aus bedienbar sein. Das sind vor allem: Schoten, Großbaum-Niederholer, Traveller und Achterstag. Dieses gilt vornehmlich für Jollen und kleinere Yachten, bei denen die Crew auf dem Seitendeck sitzt, um das Boot möglichst aufrecht zu trimmen. Jedes in Luv fehlende Gewicht würde sich schädlich auf die Geschwindigkeit auswirken.

Es versteht sich von selbst, dass es nur dann Spaß bringt zu trimmen, wenn das Instrumentarium leichtgängig zu handhaben ist. Schamfilende Leinen, verkantete Blöcke und ungünstig platzierte holende Parten oder Winschen können diesen Spaß verderben. Deshalb muss jedeTrimmeinrichtung so konstruiert und technisch ausgeführt sein, dass sie mit angemessenem Kraftaufwand

Eine mit viel Reibungsverlusten versehene Umlenkung der holenden Parten eines Groß-baum-Niederholers. Besser wären drei Einzelblöcke.

von der Crew auch in kritischen Hartwettersituationen noch zu bedienen ist. Schließlich gehört intaktes und geeignetes Material an Bord. Schwachstellen können in der Regel frühzeitig erkannt werden. Hier einige typische Dinge, die immer wieder kaputtgehen können und deshalb ständig gewartet werden müssen:

Fallen werden besonders dort stark beansprucht, wo sie an Fallscheiben umgelenkt werden; aus den Kardeelen herausragende Einzeldrähte signalisieren ersten Verschleiß. Auch scharfkantige Presshülsen können zerstörerisch sein. Das Abbrechen der dünnen Einzeldrähte ist auch hier rechtzeitig zu erkennen.

Schäkel, deren Bolzen verbogen sind, müssen gegen belastbarere Ausführungen ausgewechselt werden. Eine Vorbeugung gegen Havarie ist auch hier möglich. Drehschäkel, die einer besonders hohen dynamischen Belastung ausgesetzt sind, sollten mit einer Zange kräftig nachgezogen werden. Ein zusätzliches Umwickeln mit Tape (Tesaband) gibt zwar zusätzliche Sicherheit, ein verbogener Bolzen bleibt darunter jedoch verborgen.

Werftsünde: Die Fallen schamfilen am scharfkantigen Scheibengatt des Mastes und werden bald zerstört sein.

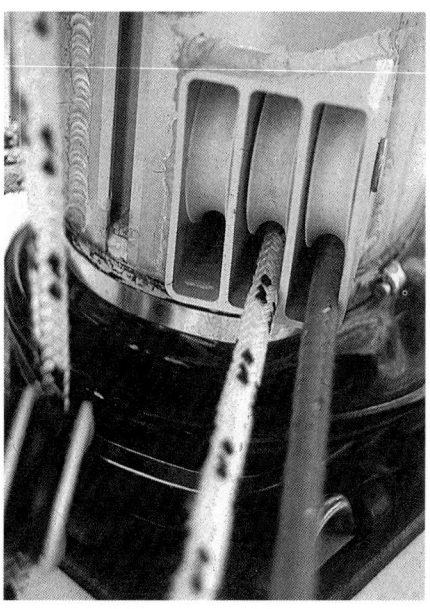

Curry-Klemmen sind zwar teuer, man sollte jedoch beim Kauf darauf achten, nur bewährte Markenfabrikate zu wählen. Auf Salzwasser-Revieren setzen sich die Salzkristalle im Innern der Klemmen fest. Nach jedem Törn sollten sie deshalb kräftig mit Süßwasser gereinigt werden.

Blöcke, für sie gilt das Gleiche wie für Curry-Klemmen.

Travellersysteme bestehen aus Travellerschiene und Travellerschlitten. Die meisten Schienen werden aus Aluminiumlegierungen hergestellt. Die Lagerungen der Schlitten sind häufig aus nicht rostendem, hartem Metall; das Ergebnis: Sie werden bei hoher Belastung in die weiche Schiene hineingedrückt und hinterlassen Riefen. Es dauert dann gar nicht lange, bis der Schlitten nur noch schwergängig auf der Schiene entlangschrammt. Diese Riefen lassen sich zwar mit Schleifleinen wieder entfernen, besser ist es jedoch, Schlitten mit Kunststoff-Kugellagern zu benutzen.

Winschen sind mit Innereien ausgestattet, die ein- oder zweimal während der Saison gewartet werden wollen. Es genügt eine Reinigung mit Petroleum und

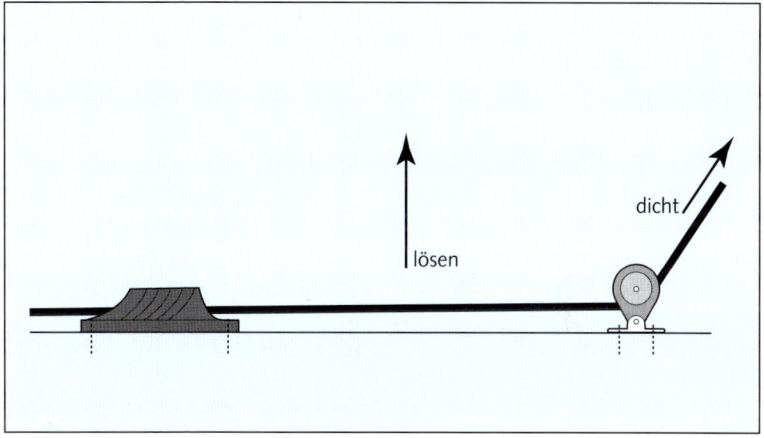

Eine praktische Belegmöglichkeit, das rechte Ende der holenden Part wird über einen Block geführt. Zieht man hinter dem Block nach rechts, so belegt sich die Leine selbsttätig in der Kammklemme und kann durch Hochziehen der Leine zwischen Klemme und Block wieder gelöst werden.

ein anschließendes Einfetten mit nicht harzendem Fett. Als Reservematerial gehören Sperrklinken und die dazu passenden Federn an Bord.

Mast- und Baumbeschläge werden meist mit Blindnieten befestigt. Diese Nieten können sich durch Wechselbelastung lockern und schließlich abscheren. Auch eine Lockerung durch Korrosion ist möglich. Solche Mängel lassen sich durch eine sorgfältige Prüfung rechtzeitig erkennen.

Salings-Fußbeschläge können – vor allem bei unterschiedlichem Mastfall – übermäßig hart belastet werden; das kann zu Materialrissen in den Fußbeschlägen führen.

Wantenspanner selbst gehen kaum kaputt, meist sind es fehlende Splinte oder nicht fest genug angezogene Kontermuttern, die für eine Havarie sorgen. Vorbeugende Maßnahme, die sich bestens bewährt hat: die Wantenspanner mit Tape umwickeln.

Lümmelbeschlag, er ist harten Belastungen ausgesetzt, vor allem bei viel Wind raumschots. Aluminiumbeschläge werden im Laufe der Zeit dünner und schwächer, schließlich kommt es zum Bruch.

Trimmeinrichtungen für das Großsegel

Das Großfall

Grundsätzlich gilt, dass ein Großsegel nur dann optimal zieht, wenn es faltenfrei steht. Ausnahmen sind lediglich bei einigen Regatta-Klassenbooten unter extremen Windbedingungen üblich. Mehr hierüber im Kapitel »Jollenrigg«. Wird das Fall zu hart durchgesetzt, dann erscheint nahe dem Vorliek eine deutlich sichtbare Parallelfalte. Die Folge: Der Bauch des Segels wird zu weit nach vorn getrimmt und das Segel im vorderen Bereich zu sehr abgeflacht.

Wird das Fall jedoch zu gering durchgesetzt, so erscheinen mehrere Falten, die schräg durch das Segel verlaufen. Und zwar vom Schothorn ausgehend strah-

Auch so genanntes »vorgerecktes« Taufallen-Material beginnt sich bei zunehmendem Wind zu recken. Die Folge: Das Vorliek des Großsegels sackt durch. Abhilfe: Das Fall sollte mit einem Drahtvorläufer versehen werden.

lenförmig zum Vorliek. Diese, den Windstrom bremsenden Falten werden besonders gut sichtbar, wenn das Vorliek mit Mastrutschern angeschlagen ist, diese bilden die Ausgangspunkte der Falten.

Die Ursache für das Durchsacken des Vorlieks liegt vor allem am Reck des Fallenmaterials. Je stärker sich das Fall bei zunehmendem Wind dehnt, desto mehr sackt auch das Vorliek in sich zusammen. Die Folge: Das Großsegel wird bauchiger, das Achterliek automatisch geschlossener. Das Boot wird luvgierig. Die Amwind-Eigenschaften verschlechtern sich.

Das Fatale an einem mit übermäßig viel Reck versehenen Großfall ist, dass es dem richtigen Segeltrimm genau entgegenarbeitet. Bei geringer Windstärke möchte man in der Regel ein bauchigeres Großsegel haben. Das Fall zieht sich bei geringer Belastung jedoch zusammen, zieht das Vorliek dadurch stramm und sorgt somit für ein flacheres Segelprofil. Umgekehrt bei frischem Wind: Das Fall dehnt sich und entspannt somit das Vorliek. Das Großsegel wird bauchig.

Welches Fallenmaterial soll nun gewählt werden? Während die Angaben über die Bruchlasten von Seilen in fast jedem Katalog der Yachtausrüster zu finden sind, hapert es mit konkreten Aussagen oder gar Zahlenwerten zum Dehnungsverhalten. Werbesprüche wie »extrem geringe Dehnung«, »vorgereckt« oder »dehnungsarm« helfen uns nicht bei der Kaufentscheidung. Hier fehlt es an praxisorientierten Daten.

In der Praxis sollte ein Fall nur etwa bis zu 40 Prozent seiner Bruchlast belastet werden, so jedenfalls die Empfehlung eines namhaften Seilherstellers. Das Dehnungsverhalten von Seilen ist abhängig von Lastbereichen; wird also eine prozentuale Dehnung angegeben, so bezieht diese sich jeweils auf einen vorgegebenen Bereich. Die Dehnungskurven verlaufen also nicht linear.

Betrachtet man das Dehnungsverhalten von »vorgerecktem« und »nicht vorgerecktem« Fallen-Taumaterial, so fällt auf, dass nur geringe Dehnungsdifferenzen auftreten. Bei beiden Taufallen ist die Dehnung im vergleichbaren Lastbereich so groß, dass die Fallspannung der unterschiedlichen Windstärke grundsätzlich angepasst werden muss.

Die Dehnungskurven für Kevlar-, Dyneema- oder Spectra-Tauwerk sagen deutlich aus, dass sich diese Fasern gegenüber normalem Tauwerk nur etwa um ein Fünftel dehnen, aber immer noch mehr recken als Draht. Ein solches Fall braucht man bei normalen Windstärke-Änderungen nicht zu bedienen, allenfalls wird eine geringe Fallspannungs-Korrektur bei feinfühligem Regattatrimm notwendig. In Anbetracht des recht hohen Anschaffungspreises wird sich Kevlar-Tauwerk im Bereich der Fahrtensegelei – mit gelegentlicher Teilnahme an Regatten – nur schwer gegen Stahldraht durchsetzen. Kevlar wiegt zwar nur halb so viel wie Draht, der geringere Gewichtsanteil am Rigg spielt jedoch offenbar bei Fahrtenbooten kaum eine Rolle, denn die Vorliebe vieler Fahrtensegler für eine Vorsegel-Rollreffanlage mit hochliegendem Gewichtsschwerpunkt beweist dieses.

Die Dehnungskurven eines verzinkten und eines nicht rostenden Drahtes ähneln sich; die Gesamtdehnungen beider Ausführungen sind äußerst gering, sodass der Kopf des Großsegels bei unterschiedlichen Windstärken annähernd in unveränderter Höhe bleibt. Eine Korrektur der Fallspannung ist auch unter regattamäßigen Bedingungen und stark wechselnder Windstärke kaum erforderlich.

Bei der Materialwahl eines Falls muss berücksichtigt werden, was man mit seinem Boot vorhat und welche Qualität hinsichtlich des Segelstandes gewünscht wird. Für das gemütliche Herumschippern, ohne den Wunsch schnell segeln zu wollen, genügt das preiswerteste. Wer sich jedoch des Zusammenspiels von Falldehnung und Segeltrimm bewusst ist, wählt entweder einen Drahtvorläufer oder – will er Gewicht sparen – Kevlar. Draht hat den Vorteil hoher mechanischer Belastbarkeit in puncto Reibung. Es bleibt nur die Frage: verzinkt oder nicht rostend?

Regattasegler belasten ihr Rigg normalerweise sehr viel härter, als es Fahrtensegler zu tun pflegen. Die Folge: Die Fallen werden im Bereich der Fallscheiben und der Belegvorrichtungen besonders strapaziert. Das führt in der Regel zu einer Schwächung des Falls, weil sich die einzelnen dünnen Drähte aus den Kardeelen lösen. Jeder kennt diese gefährlichen »Fleischhaken«. Das Fall muss dann gegen ein neues ausgewechselt werden; häufig schon vor Ablauf einer Segelsaison. Das wird bei Verwendung nicht rostenden Drahtes auf die Dauer teuer. Unnötig teuer. Warum also nicht verzinkt? Denn nicht der Verrottungsvorgang macht das Auswechseln erforderlich, sondern die hohe mechanische Beanspruchung.

Beim Fahrtensegeln liegen die Verhältnisse anders. Die Fallen werden weniger hart strapaziert und viele, viele Jahre benutzt. In diesem Fall ist – auf Dauer gesehen – verrottungsfreies Drahtmaterial preisgünstiger.

Übrigens, wenn Sie Ihr Drahttauwerk schonen wollen, sollten Sie darauf achten, dass die Fallscheiben-Durchmesser nicht kleiner sind als das Zehnfache

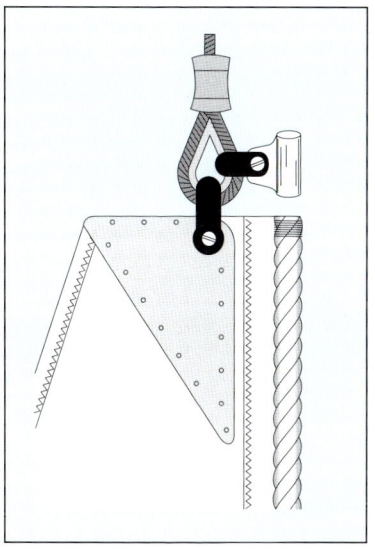

Ein Mastrutscher oberhalb des Groß-segelkopfes vermindert die waagerechten Zugkräfte am Vorliekseende. Die Segel-oberkante zwischen Kopfbrett und Tauliek wird weniger strapaziert und reißt daher nicht so schnell ein.

des Drahtdurchmessers. Größer ist immer besser. Berücksichtigt man dieses nicht, können die dünnen Einzeldrähte der Kardeele durch Knickwirkung überdehnt werden. Sie reißen durch, der Draht ist geschwächt.

Der Großbaum-Niederholer

Der Niederholer ist die wichtigste Trimmeinrichtung an Bord, vor allem auf raumen und Vormwind-Kursen. Ihm obliegen die folgenden Aufgaben:

1. Er soll das Steigen des Großbaums auf raumen und Vormwind-Kursen verhindern. Hierdurch wird eine übermäßige Verwindung des Segels vermieden, das Achterliek bleibt geschlossen. Bei stürmischen Vormwind-Kursen kommt noch ein Sicherheitsaspekt hinzu; bei einem übermäßig verwundenen Großsegel treten im Toppbereich Kräfte nach Luv auf. Das Boot beginnt unkontrollierbar nach Luv und Lee zu schaukeln, man sagt: Es geigt.

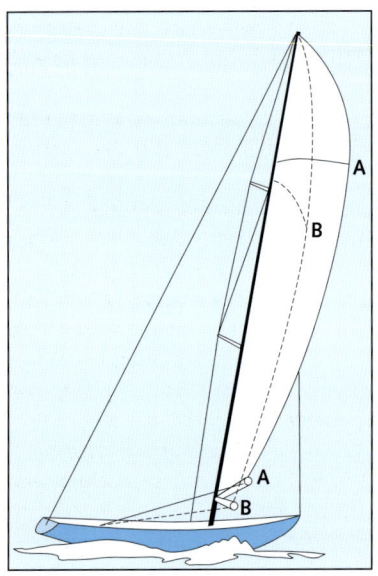 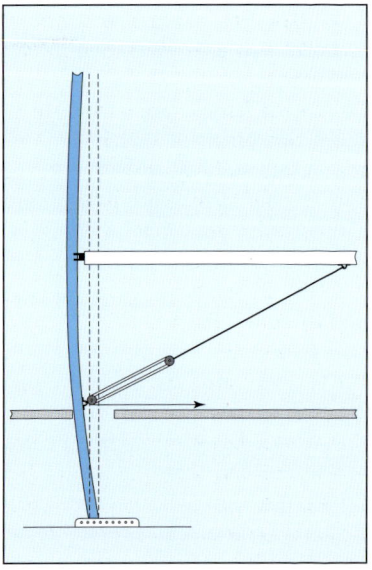

Stellung A: Ohne Großbaumniederholer verwindet das Segel.
Stellung B: Ein stramm durchgesetzter Niederholer schließt das Achterliek und sorgt dafür, dass die gesamte Segelfläche Vortrieb erzeugt.

Ein stramm durchgesetzter Niederholer zieht den Großbaum nicht nur nach unten, sondern auch nach vorn gegen den Mast. Hat dieser im Decksbereich genügend Spiel nach vorn, dann biegt er sich.

2. Er soll auf einem Amwind-Kurs die Verwindung des Achterlieks kontrollieren. Wird der Niederholer zu stramm durchgesetzt, so schließt sich das Achterliek übermäßig. Die das Segel verlassende Windströmung fließt nicht mehr glatt ab, sondern bricht sich am Liek. Das führt zu Turbulenzen. Windfäden im Achterliek zeigen dieses deutlich an, indem sie in Lee des Segels nach vorn wehen. Wird der Niederholer zu wenig durchgesetzt, beginnt das Achterliek im oberen Bereich frühzeitig zu killen. Es geht Vortriebskraft verloren.

3. Er soll die Mastbiegung im unteren Bereich beeinflussen. Das gilt vor allem für Jollenriggs. Wird der Niederholer nämlich hart durchgesetzt, so zieht

er den Großbaum nach vorn. Dieser drückt den Mast nach vorn, es bildet sich eine Mast-Biegekurve. Das Großsegel wird im unteren Bereich flacher.

Da der Niederholer die wichtigste Trimmeinrichtung an Bord ist, muss er auf Jollen und kleinen Yachten von beiden Seiten des Bootes von der austrimmenden Crew bedient werden können.

Wer bei der Wahl eines Niederholers keine Regatta-Ambitionen hat, ist mit einer simplen zwei- oder dreipartigen Talje ausreichend bedient. Wer jedoch auch während des Segelns damit arbeiten will, muss eine solche Ausführung wählen, die auch bei Hartwetter mit normalem Kraftaufwand gehandhabt werden kann. Für beide Typen von Niederholern gilt: Es muss ausreichend dimensioniertes Material verwendet werden, denn die auftretenden Kräfte können sehr groß werden. Um den Reck eines Niederholers so gering wie möglich zu halten, sollte ein Drahtvorläufer verwendet werden.

Physikalisch besehen bilden Niederholer-Taljen einen Flaschenzug, bestehend aus festen und losen Rollen. Unter festen Rollen versteht man diejenigen Rollen, die beim Bedienen der holenden Part an ihrem Platz bleiben. Als lose Rollen sind diejenigen anzusehen, die während der Taljenbedienung ihre Position verändern. Mit einer festen Rolle lässt sich keine Kraftverringerung erzielen, es kann damit lediglich die Kraft umgelenkt werden. Mit einer losen Rolle lässt sich die Größe einer Kraft beeinflussen.

Taljen lassen sich individuell gestalten und sind recht störunanfällig. Vorsicht aber bei zu kleinen Blöcken; es kann zum Schamfilen der Tauparten kommen. Eine interessante Baumniederholer-Taljenvariante ist der aus Spanien bekannte und etwas abgewandelte »Dory tackle« (Spanischer Ladetakel). Diese Talje kommt bei sechs Parten mit nur drei Blöcken aus, normalerweise wären sechs Scheiben notwendig. Hierdurch wird Reibung vermieden, außerdem ist diese Talje sehr preisgünstig.

Baumniederholer mit Hebelstreckern arbeiten besonders effektiv, da nur minimaler Reibungswiderstand überwunden werden muss. Nachteil: Sie benötigen mehr Platz als Taljen. Viele Hebelstrecker sind in ihrer Hebelwirkung (Kraftverstärkung) einstellbar, indem der vom Großbaum kommende Draht an unterschiedlicher Position des Hebels eingeschäkelt werden kann. Der Hebel kann somit an die individuellen Kräfteverhältnisse an Bord angepasst werden. Das obere Ende des Hebels sollte mit einem Gummistropp zum Lümmelbeschlag gezogen werden, um ein Verdrehen des Hebels zu verhindern.

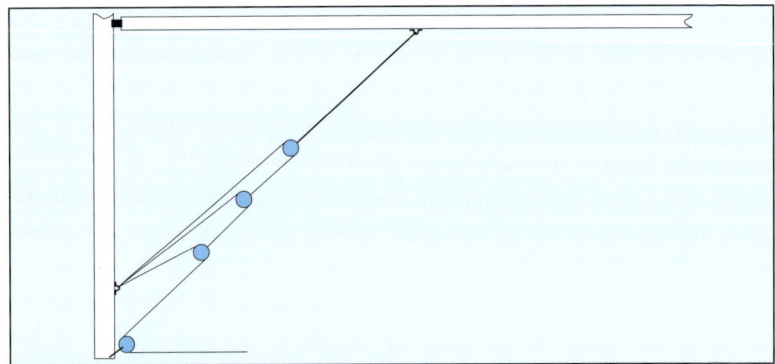

Eine interessante Großbaumniederholer-Variante ist der spanische »Dory tackle«. Es werden nur drei lose Blöcke für die Kraftuntersetzung benötigt.

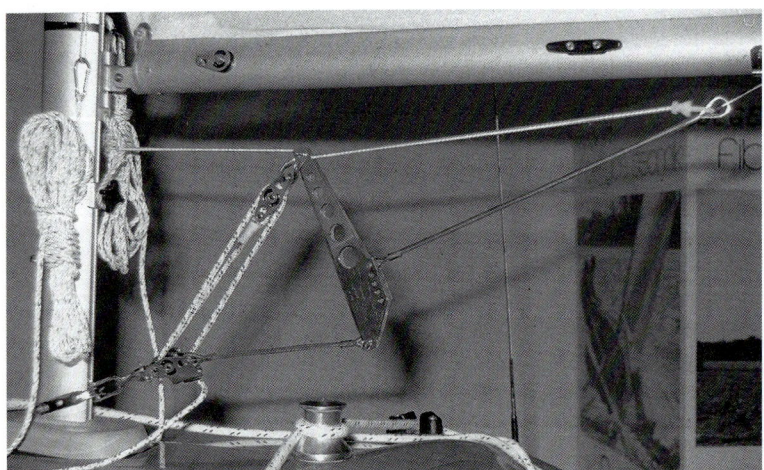

Hebelstrecker eignen sich besonders gut für Niederholer auf Jollen und kleineren Yachten. Der Hebelweg kann an den fünf kleinen Löchern individuell eingestellt werden. Je stärker die Tautalje durchgesetzt wird, desto strammer werden die beiden Drähte geholt. Das Gummiband soll ein Herunterkippen der Hebelstrecker-Oberseite verhindern.

Eine weitere Streckmöglichkeit für einen Niederholer kann eine Trommel mit unterschiedlichen Durchmessern sein. Die Lastpart wird auf eine innenliegende Stahlachse aufgewickelt, die holende Taupart umschlingt eine außenliegende Kunststofftrommel.

Taljenkästen – auch als Bierkästen bezeichnet – lassen sich einfach und platzsparend montieren. Wird die holende Part umgelenkt, so kann die Montage auch an weniger zugänglichen Stellen (auf Jollen) erfolgen. Nachteil der Taljenkästen: Sie sind recht teuer, jedenfalls teurer als vergleichbare offene Taljen mit gleicher Leistung. Außerdem arbeiten sie mit etwas größerer Reibung.

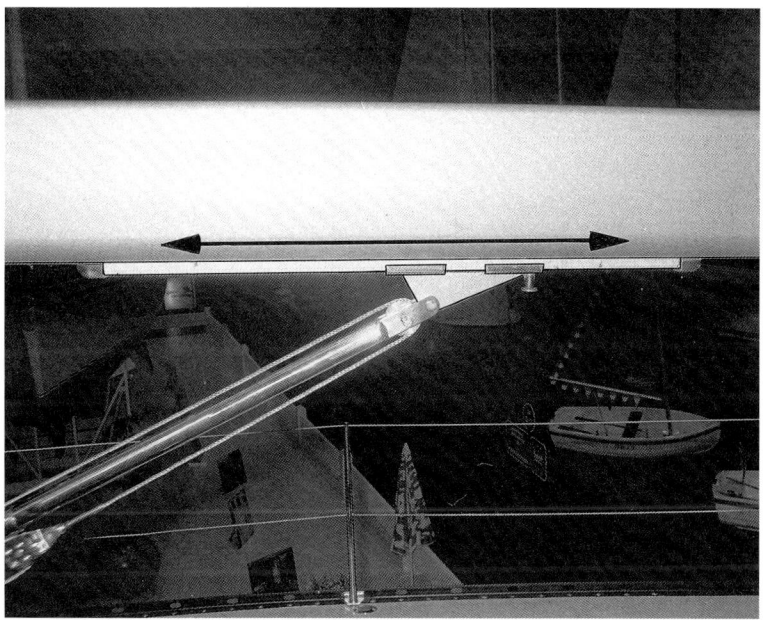

Ein Rohr-Baumniederholer mit Grob- und Feineinstellung. Durch waagerechtes Verschieben eines Schlittens unterhalb des Großbaums wird die Grobeinstellung erreicht. Die Feineinstellung kann mit der parallel zum Rohr verlaufenden Drahttalje vorgenommen werden.

Ein Rohrniederholer bietet den Vorteil, dass der Großbaum auch ohne Dirk nicht an Deck fallen kann. Nachteil: Diese Ausführung lässt sich nur grob einstellen und während des Segelns meist nur unter Schwierigkeiten bedienen.

Ein so genannter »Bullenstander« (Pfeil) zieht die Großbaum-Nock nach vorn und verhindert bei höherem Seegang eine unfreiwillige Halse. Kommt es bei Starkwind trotzdem zu einer Halse, muss diese Hilfsleine sofort gefiert werden, sonst besteht die Gefahr, dass die Yacht mit backstehendem Großsegel querschlägt und womöglich vollläuft.

Der Vorliekstrecker (Cunninghamhole)

Das Durchsetzen des Großfalls erfordert bei frischem Wind viel Kraft, da die Reibungswiderstände der Fallscheibe und der Fall-Umlenkblöcke überwunden werden müssen. Eine weniger kraftaufwändige Möglichkeit, um das Vorliek zu strecken, bietet ein Vorliekstrecker. Mit diesem wird das Segel an einer – einige Zentimeter über dem Hals eingestanzten – Ringkausch nach unten gezogen und somit das Vorliek gespannt. Das geschieht entweder mit einer Talje – üblich bei Jollen und kleineren Yachten – oder mit einer Winsch, auf größeren Kielyachten. Ein englischer Segler namens Cunningham hat diese Vorliek-Streckmethode in den Yachtsport eingeführt. Man findet diese Strecker vornehmlich bei Großsegeln, sie sind jedoch auch bei Vorsegeln anzutreffen.

Neben der Aufgabe, ein Großsegel im vorderen Bereich flachzutrimmen und gleichzeitig den Bauch des Segels nach vorn zu verlegen, bewirkt ein dichtgesetzter Vorliekstrecker auch das Öffnen des Achterlieks. Ein willkommener Trimmeffekt bei zunehmendem Wind, um die Luvgierigkeit eines Bootes zu vermindern.

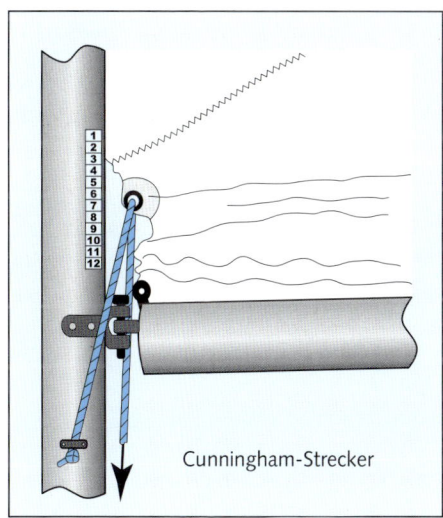

Cunningham-Strecker

Ein Cunningham-Strecker flacht das Großsegel im Vorliekbereich ab und öffnet gleichzeitig das Achterliek.

Das Vorliek eines Großsegels sollte so lang sein, dass der Kopf bei durchgesetztem Fall exakt bis zur Messmarke am Topp reicht. Bei nicht vorhandener Vermessungsbegrenzung kann der Kopf bis knapp vor die Fallscheibe hochgezogen werden. In beiden Fällen darf das Vorliek noch nicht stramm gespannt sein, vielmehr sollte die Vorliekspannung einer Leichtwind-Profileinstellung des Segels entsprechen. Bei auffrischendem Wind sorgt der zunehmend durchgesetzte Vorliekstrecker für die richtige Vorliekspannung. Endstation der Cunningham-Kausch ist knapp über dem Großbaum. Hier angekommen, muss das Segel im vorderen Bereich maximal flach getrimmt worden sein. Der Abstand dieser Kausch vom Großbaum muss – bei gefiertem Strecker – vom Segelmacher so groß gewählt werden, um die gesamte Trimm-Bandbreite abdecken zu können.

Bei vielen Großsegeln ist zu beobachten, dass sie im Vorliek zu kurz sind. Die Folge: Bei durchgesetztem Fall erscheint der Vorliekbereich nur noch wie ein Brett, er ist zu stramm durchgesetzt. Das Fall muss also wieder gefiert werden, wenn das Profil für Leichtwetter besonders tief eingestellt werden soll. Es wird Segelfläche verschenkt. Angenommen ein solches Segel hat keinen Vorliekstrecker, dann muss die Vorliekspannung mit dem Fall korrigiert werden. Wir wissen jedoch, dass hierfür bei viel Wind auch viel Kraft aufgewendet werden muss und dass die Fallscheibe im Topp beim Durchsetzen des Falls – vor allem auf einem Amwind-Kurs – hart belastet wird. In diesem Fall sollte die Großschot kurzfristig gefiert werden, um den Druck aus dem Segel und damit auch aus dem Fall zu lassen. Jetzt kann das Großsegel, ohne großen Kraftaufwand, durchgesetzt werden. Auf kleinen Yachten ist hierfür nicht einmal eine Winsch notwendig. Nach dem Durchsetzen des Falls wird die Schot wieder dichtgesetzt. Eine eingespielte Crew benötigt hierfür knapp fünf Sekunden.

Abschließend sei noch auf eine Trimm-Besonderheit hingewiesen. Für die Vorliekspannung ist es gleichgültig, ob sie durch das Dichtholen eines Vorliek-Streckers oder durch größere Fallspannung erreicht wurde. Jedoch bei unveränderter Großschotstellung reagiert das Großsegel-Achterliek unterschiedlich. Wird der Cunningham-Strecker dichtgezogen, dann öffnet sich das Achterliek. Wird aber die Fallspannung erhöht, so schließt es sich.

Der Unterliekstrecker

Eine Veränderung der Unterliekspannung hat weit weniger komplizierte Auswirkungen auf das Gesamt-Segelprofil als die des Vorlieks. Der Arbeitsbereich des Unterliekstreckers beschränkt sich auf den unteren Teil des Segels. Wird das Unterliek gestreckt, so flacht das Segel lediglich im unteren Bereich ab, wird es maximal gefiert, so stellt sich die größtmögliche Profiltiefe ein.

Das Unterliek eines Großsegels ist meist so lang, dass beim Ausholen des Schothorns bis zur Messmarke oder Umlenkrolle der Bauch flach getrimmt ist. Fiert man den Strecker, dann rutscht das Schothorn auf dem Baum nach vorn, bis das Segel maximal bauchig eingestellt ist. Bei einem solchen Segel wird Fläche verschenkt (es sei denn, die Klassenbestimmungen verbieten ein Flachreff), denn die zur Verfügung stehende Fläche wird nicht vollständig ausgenutzt.

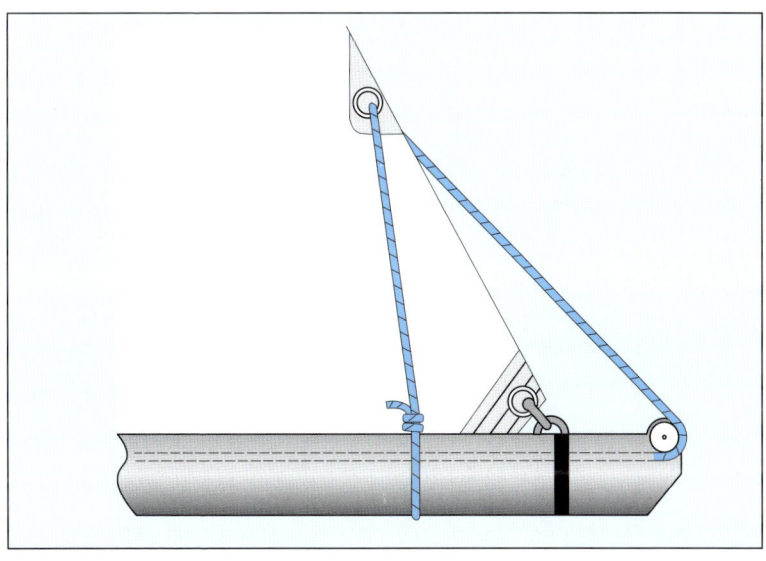

Wenn das Schothorn eines Großsegels die Messmarke an der Nock erreicht hat und das Unterliek trotzdem noch zu lose ist, kann das Segelprofil durch ein Flachreff abgeflacht werden.

Bei einem Flachreff wird eine Kausch in das Achterliek des Großsegels gestanzt, einige Zentimeter über der Baumnock. Diese Kausch wird mit einer Leine schräg nach unten und nach achtern gezogen, sodass hiermit das Segel im unteren Bereich flach getrimmt werden kann. Ist ein Flachreff vorhanden, kann das Großsegel-Unterliek so lang geschnitten werden, dass das Schothorn bei wenig Wind gerade bis zur Messmarke ausgeholt wird und das Segel bauchig eingestellt ist. Mit zunehmendem Wind sorgt das zunehmend dichtgesetzte Flachreff für die richtige Profiltiefen-Einstellung im unteren Bereich. Die Wirkung ist prinzipiell ähnlich wie die des Cunningham-Streckers beim Vorliek. Endstation der Flachreff-Kausch ist knapp über dem Großbaum. Hier angekommen, muss das Segel im unteren Bereich maximal flach getrimmt worden sein. Bei einem Flachreff kann daher ein Unterliek auf größtmögliche Länge ausgelegt werden. Und das bringt mehr Segelfläche. Ein Unterliekstrecker im herkömmlichen Sinn entfällt somit, das Schothorn wird fest belegt. Auf kleinen Booten genügt zur Bedienung des Flachreffs eine Talje, die beispielsweise durch den Großbaum geführt werden kann. Auf größeren Yachten ist eine Winsch zweckmäßig.

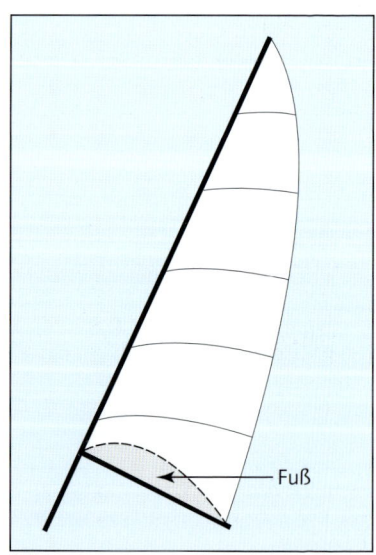

Ist der Fuß eines Großsegels aus weichem, nicht geharztem Tuch gefertigt, so lässt sich das Segel mit dem Unterliekstrecker besonders leicht und wirkungsvoll trimmen.

Fuß

Die Beeinflussung der Profiltiefe durch Unterliekstrecker oder Flachreff ist besonders effektiv und weniger kraftaufwändig, wenn die untere Bahn des Großsegels – auch Fuß genannt – annähernd als Kreisabschnitt geformt ist und aus nicht geharztem Tuch besteht. Das ist weich und geschmeidig und lässt sich leichter trimmen. Man sollte dieses bei der nächsten Großsegel-Bestellung berücksichtigen.

Reffen

Wie später noch nachzulesen sein wird, kann auch bei frischem Wind auf einem Amwind-Kurs ein tiefes Segelprofil zweckmäßig sein. Wenn nämlich das Wellenbild besonders unruhig ist. Sollte es dann notwendig sein zu reffen, müssen die Holepunkte der Bindereff-Leine des 1. Reffs stimmen. Liegen diese zu weit achtern, so zieht diese Leine das Segel in Höhe der Reffreihe übermäßig weit nach achtern. Die Folge: Das Großsegel steht im unteren Bereich wie ein Brett. Wird ein bauchigeres Profil angestrebt, müssen die Holepunkte des Smeerreeps (Reffleine) weiter vorn platziert werden. Verstellbare Holepunkte sind deshalb zweckmäßig. Beim 2. Reff hingegen ist in der Regel ein Abflachen des Profils angebracht, sodass die Holepunkte dieser Reffleine

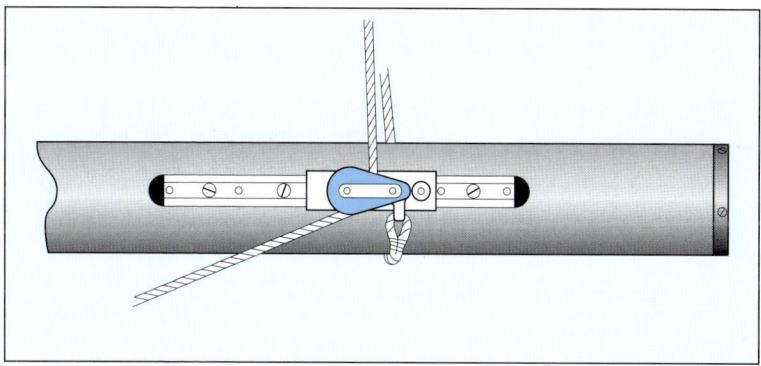

Die Holepunkte für die Reffleinen (Smeerreeps) sollten auf dem Großbaum verstellbar sein, um – vor allem beim 1. Reff – unterschiedliche Unterliekspannungen einstellen zu können.

weiter achtern auf dem Großbaum angebracht sein können. Die in den Reff-gattchen (eingestanzte Löcher im Segel) befestigten Reffbändsel dienen ledig-lich dem lockeren Zusammenbinden des Segeltuchs und nicht zum Trimmen des Profils. Sie werden deshalb häufig auf Regattayachten auch gar nicht benutzt. Doch sollte darauf geachtet werden, dass der Wind nicht von vorn in das lose am Großbaum herunterhängende gereffte Tuch hineinwehen kann und dieses aufbläht. Das bremst. Deshalb sollte das Tuch im vorderen Bereich, hinter dem Lümmelbeschlag, zusammengebunden werden. Aber nicht zu fest, weil sonst die Reffgattchen herausreißen könnten. Werden die übrigen Reff-bändsel nicht benutzt, kann man sie ruhig aus den Gattchen entfernen. Sie stören nur den Windablauf. Störend wirken sich auch die Löcher der Gattchen aus. Durch sie kann der Wind hindurchwehen. Die Winddruck-Differenz zwischen Luv und Lee des Segels wird hierdurch vermindert. Das bedeutet Vortriebsverlust. Also: Gattchen mit Segelreparatur-Klebeband oder Tape zukleben.

Die Großschot und das Achterliek

Der Heckspoiler eines schnellen Autos und das Achterliek eines Großsegels haben die gleiche Aufgabe: Sie sollen dafür sorgen, dass die Windströmung beim Verlassen des Objekts (Auto beziehungsweise Großsegel) glatt abreißt. Es soll vermieden werden, dass die Windströmung verwirbelt wird. Jede ver-wirbelte Strömung erhöht den Widerstand. Und das bremst.

Ähnliches ist auch vom Jollensegeln her bekannt: Wird der Spiegel zu tief in das Wasser gedrückt, weil die Crew die Jolle zu weit achtern belastet, so beginnt das Heck zu »saugen«. Der Ablauf des Heckwassers ist gestört, es ent-stehen Verwirbelungen, sie bremsen. Schließlich ist auch noch ein ähnlicher Effekt beim Segeln bekannt: Zieht man bei starker Luvgierigkeit eines Bootes zu heftig an der Pinne, so entstehen am Ruderblatt Verwirbelungen. Die Ruderwirkung lässt schlagartig nach. In diesem Fall ist die Wasserströmung »zusammengebrochen«, die entstandene Turbulenz hat allein bremsenden Charakter.

Solange ein Boot, seinen Konstruktionslinien entsprechend, aufrecht gesegelt werden kann, dürfen die Großschot sehr dicht und das Achterliek geschlossen gefahren werden. Das Großsegel liefert jetzt ein Maximum an Energie, sprich:

Großschotführung mit zwei holenden Parten. Wird an beiden Parten gezogen, so ist der geholte Schotweg bei hohem Kraftaufwand groß. Zieht man an nur einer Part, so halbiert sich zwar der Schotweg, es ist jedoch nur die halbe Kraft zum Dichtholen der Schot notwendig.
Der Winkel der Curry-Klemmen kann durch die vier Löcher in der Waagerechten verändert werden.

Die erste Part der Schot wird mit einer zusätzlichen Talje versehen. Hiermit kann – nach dem normalen Dichtsetzen mit der anderen holenden Part – der Schotzug leicht und fein eingestellt werden.

Vortrieb. Nimmt der Wind weiter zu, so erhöht sich durch das geschlossene Achterliek die krängende Wirkung. Und zu viel Krängung bremst. Wird beispielsweise eine Jolle mit flachem Unterwasserschiff über eine längere Zeit, während einer Wettfahrt, mit mehr als 5 Grad Schräglage gesegelt, so wird sie in einem Feld von guten Seglern kaum auf einem der vorderen Plätze landen. Auch moderne Kielyachten mit flachem Unterwasserschiff vertragen nur etwa 15 bis 20 Grad Lage, darüber hinaus werden sie zunehmend langsamer. Yachten mit traditionellen, runden Unterwasserlinien verkraften schon etwas mehr, die Grenze ist etwa erreicht, wenn das Wasser über das Leedeck spült. Ist die Grenze der Schräglage überschritten, muss zunächst das Achterliek geöffnet werden, um den oberen und den achteren Teil des Großsegels vom Winddruck zu entlasten. Das geschieht entweder durch Fieren der Großschot, Anstellen des Travellerschlittens nach Lee oder durch erhöhte Mastbiegung. Ein geöffnetes Achterliek lässt den Wind freier nach achtern abfließen, die Krängung verringert sich. Das Boot läuft besser. Wird der Druck im Achterliek zu groß, ergibt sich ein erhöhtes luvendes Moment; das kann so weit führen, dass der Rudergänger gar die Kontrolle über das Boot verliert, es »schießt in die Sonne«, der Bug dreht ungewollt in den Wind. Eine gefährliche Situation, wenn sich andere Boote nahe in Luv befinden und die Gefahr einer Kollision mit diesen entsteht.

Ferner sollte das Großsegel-Achterliek der Windströmung am Segel harmonisch angepasst werden. Das gilt besonders bei leichtem Wind und etwas Seegang. Das Achterliek muss »atmen« können, es darf nicht starr, also mit zu viel Schotspannung gefahren werden. Die Bewegungen des Bootes – und

Großsegeltrimm

A: *Die Großschot oder der Großbaum-Niederholer sind zu sehr dichtgeholt. Das Achterliek schließt übermäßig.*

B: *Die Großschot oder der Großbaum-Niederholer sind zu lose eingestellt. Das Achterliek öffnet sich übermäßig.*

C: *Das Achterliek ist angemessen geöffnet.*

D: *Die oberste(n) Segellatte(n) ist (sind) im vorderen Bereich zu wenig flexibel. Es bildet sich eine typische Falte davor.*

E: *Das Vorliek ist ungenügend durchgesetzt. Es bilden sich typische Falten im Vorliekbereich.*

F: *Das Vorliek ist zu sehr durchgesetzt. Es bildet sich eine typische Parallelfalte zum Vorliek.*

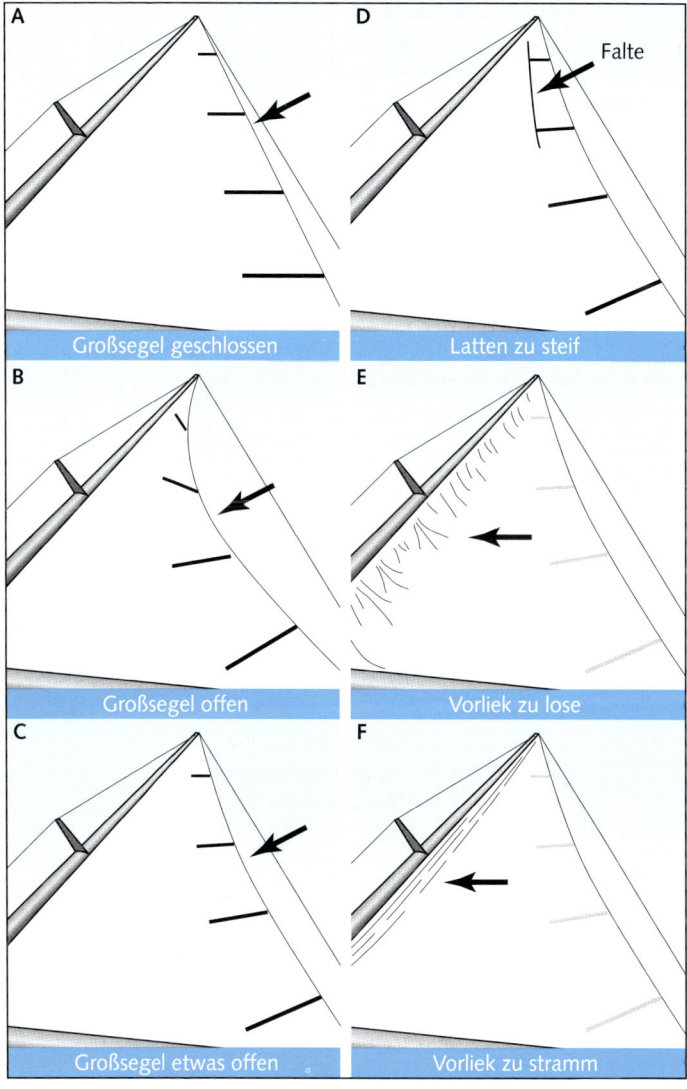

A — Großsegel geschlossen

D — Latten zu steif — Falte

B — Großsegel offen

E — Vorliek zu lose

C — Großsegel etwas offen

F — Vorliek zu stramm

damit vor allem die des Riggs – und die zum Topp hin zunehmende Verwindung des Großsegels (Twist) müssen sorgfältig aufeinander abgestimmt werden. Bei zu geringer Verwindung des Segels reißt die Windströmung am Achterliek ständig ab. Dieser Effekt vergrößert sich mit zunehmender Masthöhe, da die Schaukelbewegungen zum Masttopp hin größer werden.
Es gilt: Bei leichtem Wind und glattem Wasser ist nur wenig Twist erforderlich, die Großschot kann der Windstärke entsprechend sehr dichtgeholt werden. Bei leichtem Wind und relativ viel Seegang muss das Achterliek etwas mehr geöffnet werden, zunächst durch Fieren der Schot. Die Auswirkungen der richtigen Achterliek-Einstellung sind mit Windfäden im Achterliek sehr schön sichtbar zu machen. Mehr darüber im Kapitel »Windfäden im Achterliek«.

Die Achterliek-Trimmleine

Bei den meisten Großsegeln ist im Achterlieksaum eine dünne Leine eingezogen. Die Segelmacher lieben es, diese stets besonders lang abzuschneiden. Völlig unnötig, denn mehr als etwa 10 Zentimeter benötigt man nicht, um

Achterliekleinen sollten bis auf minimale Länge gekürzt werden, damit sie sich nirgends verhaken können und möglicherweise die Achterlieken aufreißen.

34

daran ziehen zu können. Außerdem kann sich die zu lange Leine irgendwo verhaken und dabei das Segel beschädigen.

Diese dünne Leine dient nicht der Profiltiefen-Einstellung, sie soll lediglich das Killen des Achterlieks zwischen den Latten verhindern. Ziehen Sie deshalb diese Leine nur so weit dicht, dass ein Killen gerade vermieden wird. Eine zu stramm durchgesetzte Leine verhindert das Killen zwar auch, jedoch bekommt das Großsegel-Achterliek dann eine »Kralle«, es kippt nach Luv – und das wirkt wie die Bremsklappen beim Flugzeug, nämlich bremsend.

Es gibt jedoch eine einzige Ausnahme, bei der diese Leine zur Profiltiefen-Einstellung gut gebraucht werden kann: bei leichtem bis mittlerem Wind auf einem Kurs platt vor dem Laken, also direkt vorm Wind. Zunächst wird der Baumniederholer leicht gefiert, dann wird die Leine sehr stramm durchgesetzt. Die Folge: Das Achterliek schließt sich deutlich. Hierdurch bekommt das Großsegel eine besonders bauchige Form. Der Widerstandsbeiwert vergrößert sich. Das Segel zieht besser. Achtung! Wenn Sie nach dem Vormwind-Kurs wieder hoch an den Wind gehen: Leine wieder fieren!

Die Segellatten

Segellatten müssen leicht und doch so steif sein, dass sie bei Starkwind und killendem Segel nicht brechen. Sie müssen andererseits so elastisch sein, dass sie sich dem Profilverlauf des Segels harmonisch anpassen können.

Diese Kriterien sind problemlos unter einen Hut zu bringen, wenn es um die – meist drei – unteren Latten geht. Probleme gibt's jedoch häufig bei der obersten Topplatte. Diese muss einerseits im vorderen Bereich so elastisch sein, dass ein knickfreier Übergang zwischen Vorkante der Lattentasche und Segeltuch entsteht. Andererseits muss das achtere Ende der Latte steif genug sein, um den hohen Belastungen bei killendem Achterliek standhalten zu können. An eine Topplatte werden also unterschiedliche Anforderungen gestellt. Diese können nur mit einer unterschiedlichen Biegekurve erfüllt werden. Meistens jedoch sind diese Latten insgesamt zu hart, sodass im oberen Teil des Segels eine typische, senkrecht zur Lattentasche verlaufende Falte entsteht. Bei Segeln mit durchgehender oberster Latte ist dieses Problem zwangsläufig unbekannt, denn die Lattentasche endet direkt am Großsegel-Vorliek. Mit dieser Latte lässt sich die Profiltiefe des Segels im oberen Bereich einstellen. Wird sie bei Leichtwetter besonders stramm eingebunden, so entsteht ein tiefes Profil. Umgekehrt bei viel Wind. Für den guten Stand eines Großsegels ist stets eine durchgehende Latte zweckmäßig. Umso unverständlicher, dass viele Einheitsklassen, die nicht durch Formeln eingezwängt werden, dieses nicht ausnutzen.

Windfäden im Achterliek

Windfäden im Großsegel und in den Vorsegeln zeigen die aerodynamischen Verhältnisse, also den Verlauf der Windströmungen, sehr genau an. Indikatoren dieser Art werden beispielsweise auch im Windkanal bei der Untersuchung strömungstechnischer Verläufe an Gegenständen benutzt. Mit ihnen lassen sich Turbulenzen aufdecken, auch solche, die bei falsch eingestelltem Achterliek entstehen. Zugegeben, ein mit elektronischen Windanzeige-Geräten vollgestopftes Cockpit sieht schick aus und mag auch den vom Eigner gewünschten Eindruck bei Dritten hinterlassen, nur – Windfäden sagen hinsichtlich des richtigen Segeltrimms mehr aus. Außerdem sind sie billig und denkbar einfach in den Segeln anzubringen. Die Wertigkeit solcher Trimmhilfen mag auch die Tatsache verdeutlichen, dass selbst Admiral's-Cup-Yachten nicht auf sie verzichten.

Die Windfäden im Großsegel werden am Achterliek befestigt. Drei etwa 20 Zentimeter lange Spinnakertuch-Streifen genügen. Regattasegler kommen auch nur mit einem einzigen im oberen Bereich des Segels aus. Die Positionen sollten in der oberen Hälfte des Achterlieks liegen und diese etwa dritteln. Fäden aus Wolle eignen sich nicht, da sie durch das heftige Killen des Achterlieks bei viel Wind in der Wende schnell zerfasern.

Sind der Anstellwinkel und der Twist des Großsegels zur Windrichtung richtig eingestellt, so wird das Segel von einer anliegenden, ungestörten Strömung umgeben. Es entstehen keine nennenswert bremsenden Strömungsturbulenzen. Die Windfäden im Achterliek zeigen dieses an, indem sie waagerecht nach achtern auswehen.

Wird diese Einstellung jedoch entweder durch ein übermäßiges Dichtholen der Schot oder durch Abfallen des Bootes vergrößert, kommt es zum Abreißen der Windströmung in Lee des Segels. Dieses Abreißen beginnt am Achterliek und pflanzt sich bei zunehmend falscher Segeleinstellung weiter nach vorn fort. In Lee des Segels entsteht ein turbulentes »Totwassergebiet«. Turbulente Windströmungen versuchen die Gesamtzirkulation um das Segel aufrechtzuerhal-

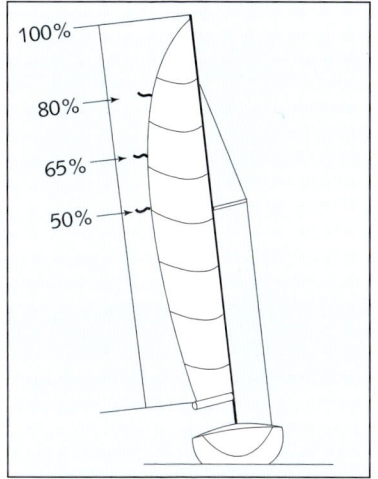

Die Großschot ist viel zu dichtgeholt worden. Die Windfäden klappen nach Lee und nach vorn.

Die etwaigen Positionen der Spinnakertuch-Windfäden im Achterliek eines Großsegels.

ten; es treten Windströmungen auf, die gegen die Fahrtrichtung des Bootes gerichtet sind. Die Fäden im Achterliek reagieren prompt. Sie verschwinden in Lee des Segels und wehen plötzlich nach vorn aus. Sie schmiegen sich dabei eng an das Achterliek an. Das Segel muss entweder gefiert oder das Boot höher an den Wind gebracht werden.

In der Praxis ist es nicht schwierig, die beiden unteren Fäden waagerecht nach achtern flattern zu lassen. Der obere Streifen jedoch darf sich in Lee des Segels verstecken. Es erfordert viel Fingerspitzengefühl und Aufmerksamkeit vom Steuermann, diesen Windfaden über einen möglichst langen Zeitraum richtig einzustellen. Es wird stets einen Balanceakt zwischen dem Wegklappen dieses Streifens und der Bildung eines Gegenbauches im Vorliekbereich des Großsegels geben. Ist die Schot zu lose und der Anstellwinkel des Segels zum Wind zu spitz, so wird dieses – und das ist sicher allgemein bekannt – durch einen Gegenbauch hinter dem Mast angezeigt.

Windfäden – auch die im Vorsegel – haben eine psychologische Wirkung. Angenommen, diese Trimmhilfen fehlen. Die Crew sitzt während der Wettfahrt hoch oben auf dem Seitendeck und trimmt das Boot möglichst aufrecht. Der Steuermann richtet seine Aufmerksamkeit vornehmlich auf die nur für ihn im Cockpit sichtbaren elektronischen Instrumente, nur er kann seine Steuerfehler ablesen. Die Crew merkt davon nichts. Das sind beste Voraussetzungen, um das Boot nach hinten zu segeln. Windfäden jedoch sind auch für die Crew deutlich zu sehen. Und da das Austrimmen an der Seereling normalerweise eine langweilige Sache ist, sucht die Crew Abwechslung. Zum Beispiel in der Beobachtung der Windfäden. Und damit steht der Rudergänger unter Kontrolle. Nachdem ihm die Crew zum x-ten Male gesagt hat, er möge doch bitte sorgfältiger steuern, wird er die Pinne einem Besseren geben. Bei Steuerleuten mit Crewgeist geht so was meistens sehr schnell. Die Stimmung an Bord steigt. Fazit: Windfäden sind eine ehrliche Anzeige für den richtigen Trimm eines Segels. Sie lassen sich von der Crew beobachten und bilden schon deshalb eine lobenswerte Trimmhilfe. Sie können daher wesentlich darüber entscheiden, ob es nach dem Zieldurchgang Sekt oder Selter für die Crew gibt.

Die Dirk

Sie soll verhindern, dass der Großbaum an Deck fällt oder sich beim Reffvorgang in der Seereling verheddert. Sie hat jedoch nichts mit dem Trimmen des Großsegels zu tun, allenfalls wirkt sich eine zu stramm durchgesetzte Dirk negativ auf die Achterliekspannung aus. Die Dirk würde das Liek permanent öffnen, das Segel kann nicht atmen. Der Wind würde kraftlos am Achterliek vorbeiströmen und keinen Druck im Segel erzeugen. Die Dirk muss stets so weit gefiert werden, dass sie auch bei hart durchgesetzter Großschot nicht auf Spannung kommt.

Der Traveller

Der Traveller besteht aus Travellerschiene und Schlitten. Mit ihm lässt sich die Verwindung des Großsegels kontrollieren. Bei der Montage eines Travellers sollte darauf geachtet werden, dass die Großschot senkrecht darüber angreift. Berücksichtigt man dieses nicht, kann der Schlitten auf der Schiene verkanten. Bei stark wechselnder Windstärke ist es auf einem Amwind-Kurs erforderlich, die Position des Schlittens zu verändern; deshalb müssen die Bedienungsleinen beiderseits im Cockpit gut erreichbar und mit normalem Kraftaufwand von der Crew zu handhaben sein.

Die Travellerleine kann bequem erreicht werden, auch wenn die Crew auf dem Seitendeck sitzt. Vor der Travellerschiene befinden sich die Backstag-Grob- und -Feineinstellung. Die Kammklemme unterhalb der Winsch ist für die Spinnakerschot vorgesehen. Das Achterstag wird direkt auf dem Spiegel bedient.

Bei Leichtwind kann der Traveller dazu benutzt werden, das Großsegel-Achterliek etwas zu öffnen: Das Liek wird bei senkrecht angreifender Großschot, auch wenn diese bei leichtem Wind locker gefahren wird, nach unten gezogen und schließt völlig. Das Schließen wird durch das Eigengewicht des Großbaumes noch gefördert. Das Achterliek bildet jetzt eine gerade Linie. Kommt eine zarte Bö, so werden aufgrund dieser Geraden Strömungsturbulenzen am Liek entstehen; die achtern angebrachten Windfäden klappen nach Lee hinter das Segel. Das Achterliek muss geöffnet werden, es muss bei leichten Böen atmen können, es muss sich dem Luftstrom harmonisch anpassen können. Nur wenn die Strömung am Achterliek anliegen bleibt, arbeitet das Großsegel optimal.

Ein solches Atmen erreicht man durch einen schräg nach Luv gerichteten Zug der Großschot. Der Großbaum darf nicht über die Bootsmitte nach Luv gezogen werden, deshalb muss die Schot bei diesem Experiment entsprechend

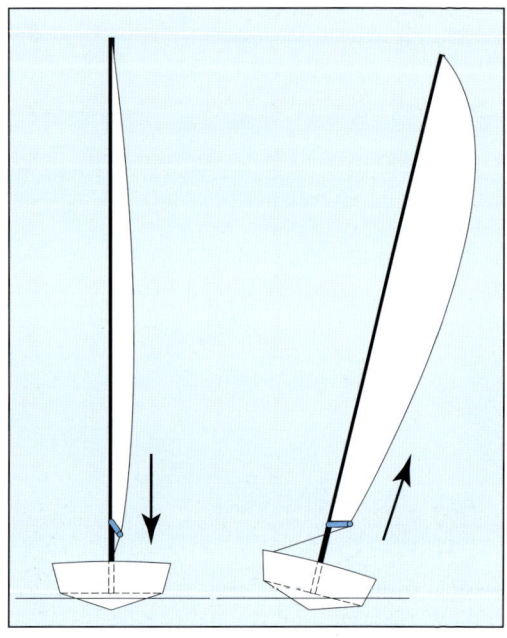

Großsegeltrimm bei sehr leichtem Wind:
Links: Die mittschiffs ge-fahrene Großschot zieht den Großbaum nach un-ten, das Achterliek ist zu geschlossen.
Rechts: Die in Luv angrei-fende Schot sowie die Schräglage des Bootes sor-gen für die richtige Ver-windung des Achterlieks.

gefiert werden. Greift also die Schot nicht senkrecht, sondern schräg an, dann kann der Großbaum bei einer leichten Bö auch leichter steigen und somit das Achterliek öffnen. Die Strömung liegt besser am Segel an, es zieht. Nimmt der Wind etwas zu, so wird diese von Luv angreifende Schotführung aufgegeben, um ein übermäßiges Auswehen des Achterlieks zu vermeiden. Der Traveller-schlitten kann wieder mittschiffs eingestellt werden. Diese Stellung kann so lange aufrecht erhalten bleiben, bis das Boot übermäßige Schräglage erreicht. Dann muss – bei weiter zunehmendem Wind – der Travellerschlitten nach Lee angestellt werden. Hierdurch wird das Achterliek vom Winddruck entlastet, das Boot liegt leichter auf dem Ruder.
Die Wirksamkeit des Travellers lässt nach, wenn der Großbaum auf raumem Kurs so weit gefiert worden ist, dass er sich nicht mehr senkrecht über der Travellerschiene befindet. Die Kontrolle der Verwindung des Großsegels wird dann überwiegend vom Großbaum-Niederholer übernommen.

Trimmeinrichtungen für das Vorsegel

Das Vorsegelfall

Für das Vorsegelfall gilt hinsichtlich des Materials gleiches wie für das Großfall. Auch im Vorsegel erscheinen charakteristische Falten, wenn die Vorliekspannung nicht stimmt. Ist das Segel zu schwach durchgesetzt, so verlaufen typische Falten zwischen Vorliek und Schothorn. Das Achterliek wird zusätzlich geschlossen. Ein zu strammes Vorliek signalisiert parallel zum Vorstag eine vom Kopf des Segels bis zum Hals reichende Falte. Beide Faltenbildungen sind zu vermeiden, indem das Fall stets der Windstärke entsprechend durchgesetzt wird. Faustregel: hohe Fallspannung bei viel Wind; geringe Fallspannung bei Leichtwetter.

Dieses Fall wurde bei Leichtwind viel zu stramm durchgesetzt.

Typische Faltenbildung am Vorliek, das Fall ist ungenügend durchgesetzt worden.

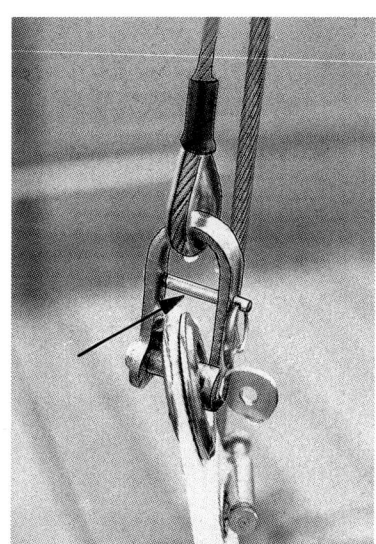

Mithilfe eines Taljenkastens kann das Vorsegelfall sehr stramm durchgesetzt werden. Taljenkästen gibt es in verschiedenen Längen und Untersetzungen.

Bei einem solchen Schäkel kann weder der Schäkelbügel noch der Bolzen verloren gehen.

Das Vorstag

Die Vorstagspannung ist maßgeblich an den Amwind-Segeleigenschaften beteiligt. Je weniger das Vorstag nach Lee durchhängt, desto höher kann man am Wind segeln. Der Grund ist das flachere Profil des Vorsegels; je geringer der Durchhang des Vorstags, desto mehr wird der Bauch aus dem Segel herausgezogen. Daraus folgt, dass ein Vorsegel bauchiger wird, wenn das Vorstag zunehmend nach Lee durchhängt. Zusätzlich schließt sich das Achterliek; das führt bei einer weit überlappenden Genua zur Luvgierigkeit eines Bootes.

Kunststoffrohre schützen nicht nur die Wantenspanner, sondern sorgen auch dafür, dass die Stagreiter nicht über den Vorstagterminal rutschen und beim Hochholen des Segels darauf verkanten.

Auch eine Kugel verhindert, dass die Stagreiter auf den Terminal herunterrutschen können.

Bei der Herstellung eines Vorsegels muss der Segelmacher wissen, wie weit das Vorstag beim Segeln nach Lee durchhängt. Dieses Maß kann in einfacher Weise ermittelt werden. Man segelt bei einer zum Vorsegel angemessenen Windstärke hoch am Wind. Das Vorstag wird durch den Segeldruck nach Lee durchhängen. Um den Grad dieses Durchhangs festzustellen, wird ein zweites Fall am Vorstag-Decksbeschlag eingepickt und sehr stramm durchgesetzt. Dieses bildet jetzt annähernd eine Gerade. Aufgrund des Abstandes zwischen Vorstag und Zusatzfall (der Sehne des Bogens) kann der maximale Durchhang nach Lee einigermaßen genau bestimmt werden. Der Segelmacher wird dieses Maß beim Zuschneiden der Vorlieksrundung berücksichtigen und kann so die richtige Profiltiefe einarbeiten.

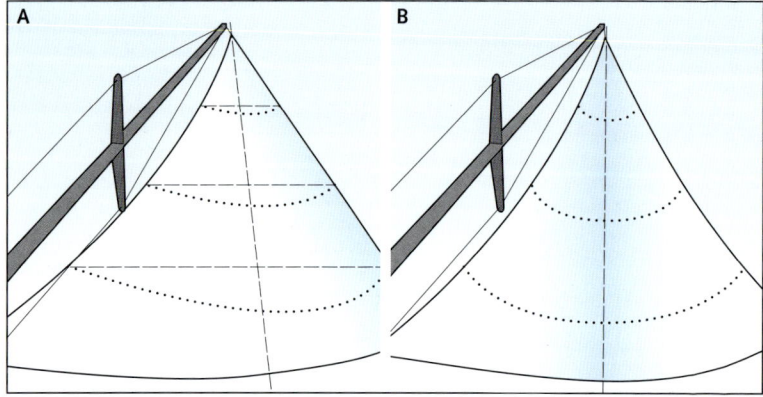

Vorstagspannung
A: *Das Vorstag ist stramm durchgesetzt. Die maximale Profiltiefe des Vorsegels liegt etwa im ersten Drittel. Das Segel ist flach getrimmt. Es kann bestmögliche Höhe gelaufen werden.*
B: *Das Vorstag hängt nach Lee durch. Die Profiltiefe nimmt zu und wandert nach achtern, etwa bis zur Mitte des Segels. Dieses Profil liefert viel Kraft, jedoch nur geringe Höhe am Wind.*

Schot-Holepunkte

Das Einstellen der richtigen Holepunkte ist eine der schwierigsten und zugleich wichtigsten Trimmarbeiten an Bord. Denn die Lage der Holepunkte ist abhängig
• von der Windstärke
• von dem Wind-Einfallswinkel
• vom Seegang
• vom Mastfall.
Einen genauen Eindruck davon, ob ein Vorsegel richtig oder falsch geschotet wird, erhält man durch einen Blick von achtern und von Lee in das Segel. Am besten man steigt auf ein anderes Boot und fährt in Lee hinter dem einzustellenden Vorsegel hinterher. Jeder Skipper sollte die Gelegenheit wahrnehmen, den Trimm seiner Segel von »außen« zu begutachten. Es lohnt sich.

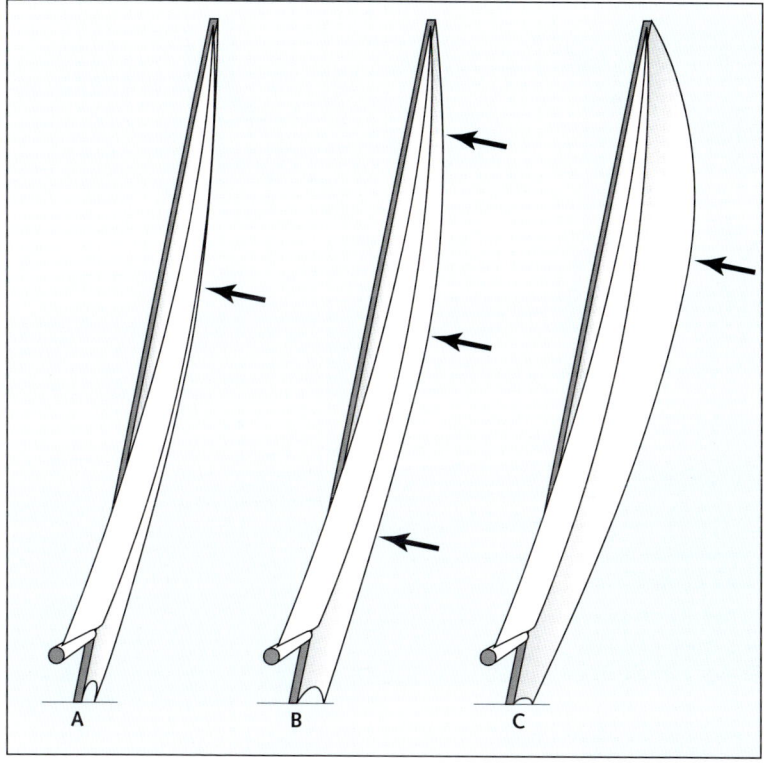

Vorsegelschot-Holepunkteinstellungen
A: *Der Holepunkt liegt zu weit vorn, das Achterliek ist zu geschlossen.*
B: *Vorsegel- und Großsegel-Profile verlaufen harmonisch zueinander, der Holepunkt stimmt.*
C: *Der Holepunkt liegt zu weit achtern, das Achterliek ist zu offen.*

Eine erste grobe Annäherung an den richtigen Holepunkt besteht darin, dass Achterliek und Unterliek etwa die gleiche Spannung haben sollten. Und zwar auf einem Amwind-Kurs. Weiterhin sollte der achtere Bereich des Vorsegels etwa parallel zum Oberwant stehen.

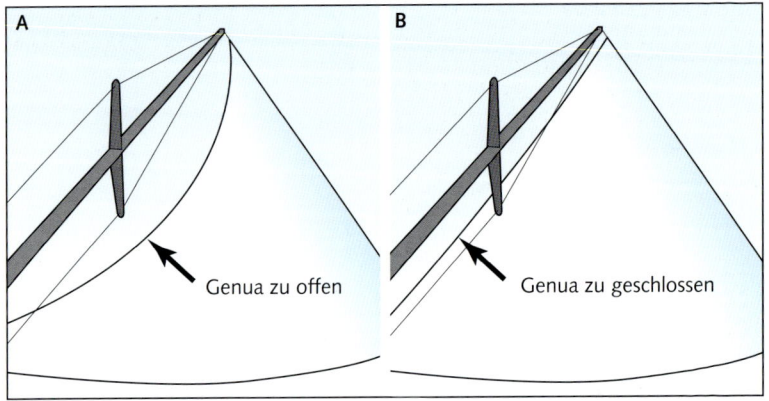

A: *Der Schot-Holepunkt muss nach vorn verlagert werden, um das Achterliek der Genua mehr zu schließen.*
B: *Der Schot-Holepunkt liegt zu weit vorn. Das Achterliek ist übermäßig geschlossen.*

Eine zweite, etwas genauere Methode besteht darin, die Art und Weise, in der das Vorliek einfällt, zu beobachten. Man segelt hierbei auf einem Amwind-Kurs etwas zu hoch am Wind. Fällt das Segel über die gesamte Vorliekslänge gleichmäßig – also parallel zum Vorliek – ein, so stimmt der Holepunkt. Fällt es allerdings nur im oberen Bereich ein, so muss der Holepunkt nach vorn oder unten verschoben werden. Und umgekehrt. Der ideale Schot-Holepunkt ist erreicht, wenn Großsegel und Vorsegel miteinander harmonieren, wenn das Vorsegel-Achterliek parallel zum Profil des Großsegels steht. Und dieser gleichförmige Abstand der beiden Segel zueinander ist am besten von einem anderen Boot aus zu erkennen.
Die Position des Holepunktes ist abhängig von der Windstärke. Angenommen das Vorsegel soll bei leichtem Wind bauchig getrimmt werden; dann muss der Holepunkt etwas nach vorn verlagert werden. Hierdurch wird zunächst das Achterliek zwar übermäßig geschlossen, ein kleiner Schrick in der Schot aber löst diese Bremse wieder.
Ist der Holepunkt bei Leichtwind richtig eingestellt, verändert er sich, wenn das Fall bei auffrischendem Wind härter durchgesetzt werden muss. Das Achterliek wird geschlossener, also muss der Holepunkt nach achtern geschoben

Der Genuaschot-Holepunkt stimmt genau, Großsegel und Genua verlaufen parallel und harmonisch zueinander.

werden. Wird das Segeltuch durch den Winddruck sehr gedehnt, so öffnet sich automatisch das Achterliek, wenn der Wind zulegt. Eine Holepunkt-Verstellung kann dann gar entfallen.

Die Lage des Holepunktes ist weiterhin abhängig von der Einfallsrichtung des Windes. Auf einem Amwind-Kurs sollte er weit innen auf dem Seitendeck liegen. Wie weit? Das hängt vom Bootstyp ab. Faustregel bei einer modernen Fahrtenyacht: bei der Kajüt-Seitenwand. Hierdurch kann gute Höhe erreicht werden.

Raumschots jedoch gehört der Holepunkt nach außen und nach vorn. Wird der Großbaum gefiert, so verringert sich der Abstand zwischen Vorsegel-Achterliek und Großsegel-Vorliekbereich. Man sagt, die Düse wird abgekniffen, und meint damit, dass die aus dem Vorsegel abfließende Luftströmung durch das gefierte Großsegel eingeengt wird. Es entsteht der bekannte Gegenbauch im Großsegel-Vorliekbereich. Um die Düse wieder zu öffnen, ist die Verlagerung des Holepunktes nach außen notwendig. Bis in Höhe der Bordwand.

Auf einem Raumschots-Kurs muss der Vorsegelschot-Holepunkt nach vorn und nach außen verlagert werden.
Die vorliche Position lässt sich mithilfe der luvwärtigen Windfäden exakt ermitteln. Wehen diese beim leichten Luven in gleicher Weise schräg nach oben, dann stimmt der Holepunkt. Wehen beispielsweise die beiden unteren waagerecht nach achtern und zappelt der obere, dann muss der Holepunkt noch weiter nach vorn verlegt werden.
Die ermittelte Schlittenposition wird an Deck oder auf der Schotschiene notiert, beispielsweise mit »60« bei einem scheinbaren Windeinfall von 60 Grad.

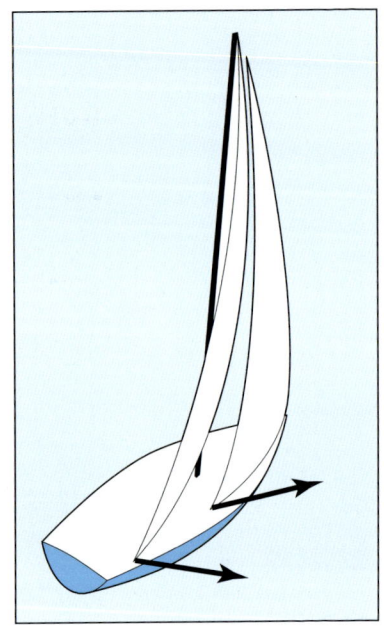

Dann kann der Wind aus dem Vorsegel wieder freier abfließen. Der Gegenbauch wird geringer, das Großsegel arbeitet wirkungsvoller.

Zusätzlich muss der Holepunkt nach vorn verlagert werden, weil sich beim Fieren der Vorsegelschot das Achterliek des Vorsegels öffnet. Und zwar unverhältnismäßig mehr als das Unterliek, weil es länger ist. Der Effekt ist bekannt: Man segelt raumschots, die Genua steht im unteren Bereich prächtig, lediglich im oberen Bereich killt sie. Das Achterliek muss etwas geschlossen werden, und zwar so weit, bis das Vorliek wieder gleichmäßig und parallel zum Vorstag einzufallen beginnt, wenn zu hoch gesegelt wird. Hierfür wird der Holepunkt nach vorn verlagert. Bei einem 9-m-Kielboot beträgt diese Strecke etwa einen Meter.

Wird das Vorsegel bei relativ glattem Wasser über seinen normalen Holepunkt geschotet, so muss dieser bei Seegang etwas nach vorn eingestellt werden, um dem Segel eine größere Profiltiefe zu verleihen. Wie schon von der Leicht-

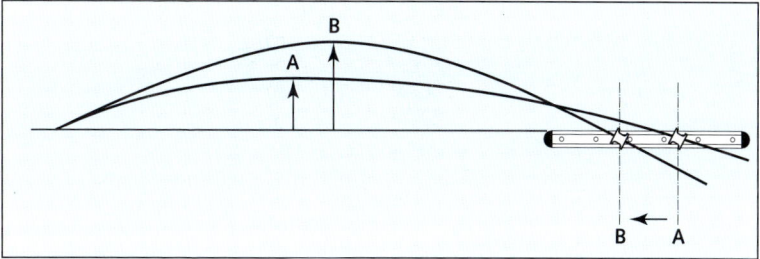

Durch Verlagerung des Vorsegel-Schotholepunktes nach vorn (von A nach B) wird das Segel bauchiger. Gleichzeitig muss die Schot etwas gefiert werden, um das Achterliek wieder etwas zu öffnen.

wind-Einstellung her bekannt, darf die Schot nicht ganz so dicht geholt werden, um das Achterliek nicht übermäßig zu schließen.

Ist der Holepunkt bei einem einmal festgelegten Mastfall (s. dort) bestimmt worden, so muss er bei zunehmendem Mastfall nach vorn verlagert werden, weil der Abstand zwischen Segelkopf und Schot-Holepunkt hierbei geringer wird, die Länge des Achterlieks jedoch konstant ist. Würde der Holepunkt auf seiner ursprünglichen Position bleiben, so würde sich das Achterliek übermäßig öffnen. Übrigens ein Effekt, der bei modernen Rennjollen bewusst angewendet wird, um sie bei viel Wind aufrechter segeln zu können.

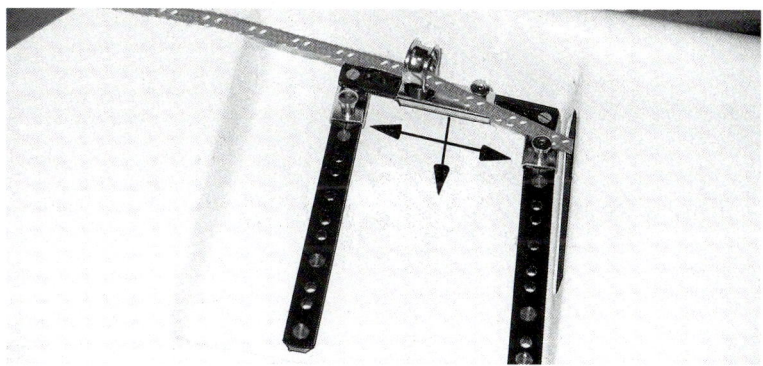

Genuaschot-Holepunktverstellung auf einem Schwertzugvogel.

Fockschot-Holepunktverstellung auf einem 470er. Der Schotblock kann mit einer Leine auf der Schiene nach vorn gezogen werden; der Gummistropp soll ihn wieder nach achtern holen.

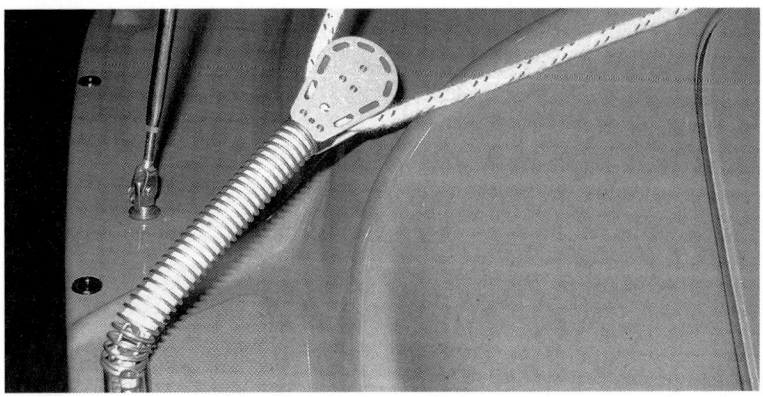

Die Vorsegelschot-Leitschiene ist sehr weit außen auf dem Seitendeck montiert. Wird der Umlenkblock direkt darauf befestigt, liegt der Holepunkt zu weit außen; die Folge: Es kann nur schlechte Höhe am Wind gesegelt werden. Wird der Block hingegen mit einem Stropp verlängert, liegt der Holepunkt weiter innen, und es kann bessere Höhe erreicht werden. Die im Foto sichtbare Stahlfeder-Ummantelung soll verhindern, dass der Metallblock den Kunststoff beschädigt.

Holepunktverstellung durch eine Barberhauler-Talje auf einer querlaufenden Schotschiene. Auch der Holepunkt der Spinnakerschot kann mit einem weiteren Barberhauler verändert werden (Sprinta Sport).

Barberhauler-Anordnung (Pfeile) auf einem kleinen Küstenkreuzer (X 79) zur Verstellung der Schot-Holepunkte.

Schot-Holepunkte für Vorsegel-Rollreffanlagen

Wird bei einem Vorsegel, das mit einer Rollreffanlage versehen ist, die Segelfläche verkleinert, so muss, vor allem auf einem Amwind-Kurs, auch der Schot-Holepunkt nachgestellt werden. Hersteller solcher Anlagen verschweigen das gern, um die einfache, problemlose Handhabung zu dokumentieren. Beim Einrollen eines solchen Vorsegels öffnet sich das Achterliek zunehmend. Um es wieder zu schließen, bedarf es einer Verlagerung des Schot-Holepunktes nach vorn. Geschieht dies nicht, muss mit abnehmender Segelfläche eine zunehmende Luvgierigkeit in Kauf genommen werden.

Ein Vorsegel-Schotschlitten, dessen Position mit einer Talje vom Cockpit aus verändert werden kann. Diese Verstellung bietet sich auch beim Fahren einer Vorsegel-Rollreffanlage an, da das schützende Cockpit nicht verlassen zu werden braucht.

Vorsegel-Rollreffanlagen sollen den Bedienungskomfort einer Yacht erhöhen. Bei einem Defekt auf See können sie bei Hartwetter jedoch zu einer Gefahr für das Rigg werden.

Das Verstellen des Schotschlittens auf dem Lee-Deck bei schwerem Wetter ist nicht ganz ungefährlich. Es gibt jedoch eine bewährte Methode, dieses vom schützenden Cockpit aus zu tun. Der Schlitten muss sich dabei frei – also nicht einrastend – auf der Schotschiene bewegen können. Er wird an der Vorderseite mit einer Talje verbunden, die mit ihrem anderen Ende an der Vorkante der Schotschiene an Deck befestigt und deren holende Part zum Cockpit hin umgelenkt und dort belegt wird. Muss der Holepunkt nun bei halb eingerolltem Vorsegel nach vorn verlagert werden, so wird der Schlitten einfach mit der Talje nach vorn gezogen. Um den Schlitten bei zunehmender Vorsegelfläche nach achtern rutschen zu lassen, genügt es, die Talje zu fieren. Der Schlitten wird durch den Schotdruck nach achtern transportiert.

Vorsegel-Rollreffanlagen haben ihre Berechtigung fürs Fahrtensegeln, denn sie sind bequem. Auf Regattayachten jedoch sieht man sie nicht, denn der Stand einer teilweise aufgerollten Genua ist meist derart sackartig, dass sich die Amwind-Segeleigenschaften drastisch verschlechtern.

Schot-Holepunkte für Selbstwendefocks

Selbstwendefocks sind vor allem auf engen Revieren und bei kleiner Familiencrew sehr praktisch, denn sie brauchen während des Wendens nicht bedient zu werden. Die Schot kann meist in verschiedene Löcher eines, mit Metall verstärkten, breiten Schothorns eingeschäkelt werden. Hierdurch lässt sich der Schot-Zugwinkel verändern. Selbstwendefocks haben, im Verhältnis zum Unterliek, ein sehr langes Achterliek. Dieses reagiert überaus empfindlich auf einen falschen Schot-Zugwinkel. Wird das Schothorn auch nur ein wenig zu steil nach unten gezogen, schließt das Achterliek sofort. Ein zu waagerechter Zug öffnet es übermäßig. Diese überempfindliche Reaktion eines solchen Segels erfordert ein besonders sorgfältiges Trimmen des Schot-Holepunktes. Selbstwendefocks haben den Nachteil, dass der Schot-Holepunkt raumschots nicht verstellt werden kann. Nachdem der Travellerschlitten das Ende der Travellerschiene erreicht hat, kann raumschots nur noch die Schot gefiert werden. Normalerweise wäre eine Verlagerung des Holepunktes nach vorn notwendig, um das Achterliek nicht übertrieben offen zu fahren. Ein Umtrimmen würde das Umschäkeln der Schot am Schothorn in ein weiter oben befindliches Loch erforderlich machen. So muss man sich damit abfinden, dass sich die Fock im oberen Bereich raumschots übermäßig öffnet. Es sei denn, man fährt die Fock auf Raumschot-Kursen einfach etwas höher, indem man beispielsweise den

Schotholepunkt-Verstellung einer Selbstwendefock durch Umschäkeln der Schot in eines der sechs Löcher im Metall-Schothorn.

Schotführung einer Selbstwendefock auf einer kleinen Regattayacht (Fun). Die zentrale Bedienungsleine des Travellerschlittens wird zum Cockpit hin gelenkt.

Hals mit einer Streckertalje verbindet und diese raumschots weit auffiert. Gleichzeitig kann das Fall etwas mehr durchgesetzt werden. Hierdurch wird das Achterliek wieder geschlossener; die Fock zieht besser.

Barberhauler

Mit Barberhaulern, zu deutsch »Schotbeiholer«, lassen sich die Schot-Holepunkte von Vorsegeln zeitsparend verstellen. Zwischen Schothorn des Vorsegels und dem normalen Schot-Holepunkt wird ein Block auf der Schot geschoren. Dieser kann mit einer zusätzlichen Leine – mit Belegvorrichtung – über einen Umlenkpunkt zu diesem herangezogen werden. Die Schot wird jetzt

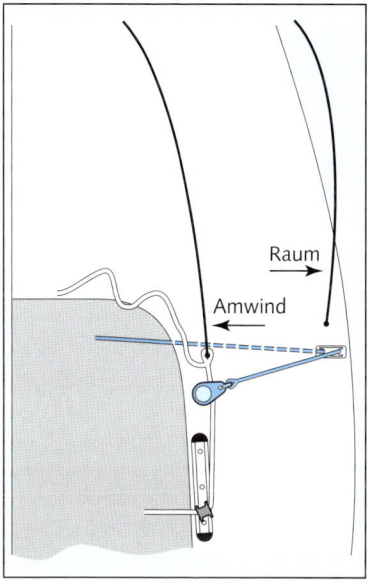

Holepunkt-Verstellung auf einer Jolle. Der Amwind-Holepunkt liegt innen, die Schot wird über eine Umlenkrolle auf dem Seitendeck geführt. Raumschots wird der Barberhauler dichtgezogen, hierdurch verlagert sich der Holepunkt nach vorn und außen.

über diesen Umlenkpunkt geleitet. Diese Art der Holepunkt-Verstellung bietet sich an, wenn der Holepunkt zwischen Amwind- und Raumschots-Einstellung verstellt werden soll. Eine übliche Methode bei vielen Jollenklassen.

Die Windfäden

Wie im Großsegel, so können auch im Vorsegel Windfäden eine sehr wertvolle Trimmhilfe sein. Drei etwa 30 Zentimeter lange Wollfäden werden mit einer Nähnadel durch das Segel gestochen. Die Positionen liegen etwa 20 Zentimeter vom Vorliek entfernt und vierteln ungefähr die Vorliekslänge.

Beim Anbringen muss darauf geachtet werden, dass sie nicht zu dicht an die Zickzack-Nähte des Segelmachers kommen können. Denn nichts ist für einen aufmerksamen Steuermann nerviger, als dass der von ihm beobachtete Luv-Windfaden senkrecht im Segel steht, weil sich das Ende des Fadens im Segelgarn verheddert hat.

Etwaige Positionen der Windfäden im Vorliekbereich einer Genua.

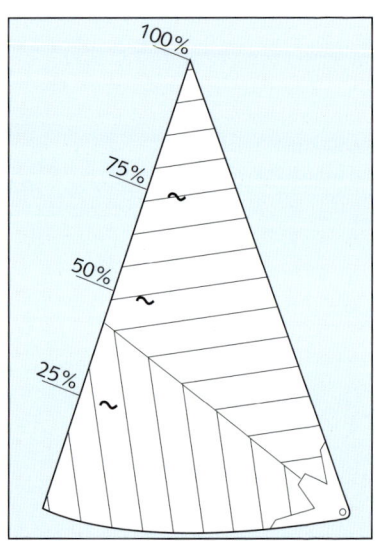

Die Wollfäden saugen sich allerdings voll Wasser. Und so versagen diese prächtigen mechanischen Anzeigegeräte bei Feuchtigkeit und geringem Wind ihren Dienst. Das Einsprühen mit Imprägnierungsmittel hilft zwar etwas, den Dienst zu verlängern, jedoch verlieren die Fäden dadurch ihre Geschmeidigkeit.

In das Segel geklebte Kassettenbandschnipsel sind sehr feinfühlig, sie wehen jedoch derart nervös aus, dass davon abzuraten ist.

Die Windströmung in Lee eines Segels ist wichtiger als die in Luv. Denn sie ist für die Vortriebskraft entscheidend. Aus diesem Grund ist der Beobachtung des leewärtigen Fadens besondere Aufmerksamkeit zu widmen. Dunkelfarbige Fäden erleichtern dieses, denn die dunkle Farbe schimmert besser durch das weiße Segeltuch hindurch. Allerdings kann es bei besonders heller Sonne in Luv des Segels zu so ungünstigen Sichtverhältnissen kommen, dass auch ein dunkler Faden nicht mehr zu sehen ist. Deshalb sollte man auf mindestens ein kleines Fenster im Vorsegel nicht verzichten. Befindet sich in der Mitte dieses kreisrunden Fensters auf beiden Seiten ein Windfaden, so lassen sich beide Fäden auch unter ungünstigsten Sichtverhältnissen stets gut beobachten.

Die Funktion der Fäden ist nun folgende: Solange das Vorsegel von einer anliegenden Luftströmung umgeben ist, wehen alle sechs Fäden (drei in Luv und drei in Lee) annähernd waagerecht nach achtern aus. Wird das Boot zu hoch am Wind gesteuert, so beginnen die Luv-Fäden unruhig zu wehen, sie werden schließlich nach oben hin ausgelenkt. Dieses veränderte Auswehen kündigt sich bei leichtem und mittlerem Wind ganz allmählich an, und der Rudergänger kann ohne Hast abfallen.

Die Lee-Fäden allerdings benehmen sich ausgesprochen hektisch. Fällt der Steuermann zu weit ab, dann wehen diese Fäden abrupt nach oben oder gar nach vorn. Die Windströmung in Lee des Segels ist zusammengebrochen, es bilden sich Turbulenzen. Es steht zwar optisch noch prächtig, aber es zieht kaum noch. Jetzt muss der Rudergänger entweder sofort luven oder die Schot muss gefiert werden.

Es gilt der Grundsatz: Die leewärtigen Windfäden eines Vorsegels müssen auf Amwind- und Raumschots-Kursen stets waagerecht nach achtern auswehen. Nicht jedoch die Fäden in Luv. Ihr Auswehverhalten hängt von der Windstärke und vom Seegang ab. Während sie bei leichtem Wind noch waagerecht wehen sollten, dürfen sie mit zunehmendem Wind auch steiler nach oben auswehen. Das kann bei viel Wind bedeuten: etwa 70 Grad.

Als Faustregel gilt bei bestem Segelwind und geringem Seegang, dass die Luv-Fäden etwa 30 Grad nach oben auswehen dürfen; dann hält der Rudergänger das Boot optimal an der Windkante. Bei Seegang benötigt ein Boot in der Welle erhöhte Energie aus dem Segel. Die Fahrt durchs Wasser wird häufig durch die Wellen verringert, das Boot muss entsprechend oft beschleunigen. Das bedeutet, dass im Vorsegel ein erhöhter Winddruck entsteht. Hierdurch werden die Luv-Fäden dann weniger nach oben ausgelenkt.

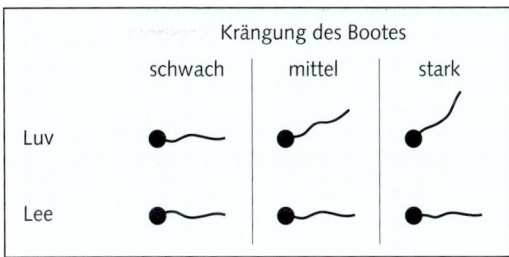

Mit zunehmender Schräglage eines Bootes dürfen die in Luv angebrachten Windfäden auch zunehmend nach oben wehen. Die Lee-Fäden sollen jedoch stets waagerecht nach achtern auswehen.

Bei diesem Korsar wird die Genua optimal umströmt, die Luv- und Lee-Wollfäden liegen annähernd waagerecht im Segel an.

Die drei im Vorliekbereich angebrachten Windfaden-Paare lassen sich gut für die richtige Schot-Holepunkteinstellung benutzen. Ist der Holepunkt richtig eingestellt, dann ist auch der Auswehcharakter aller Fäden in Luv und in Lee gleich. Das heißt, dass alle drei Fäden auf einer Seite parallel und identisch reagieren, wenn zu hoch oder zu tief gesegelt wird. Das obere Fadenpaar reagiert in derselben Weise wie das untere Fadenpaar. Ist jedoch der Schot-Holepunkt beispielsweise zu weit vorn, so wird beim Anluven des Bootes zunächst nur der untere Luv-Faden unruhig ausweben. Der obere Faden in Luv wird nach wie vor »heile Welt« anzeigen. Erst beim weiteren Luven werden nach und nach der mittlere und schließlich auch der obere Luv-Faden Turbulenzen signalisieren.

Liegt hingegen der Schot-Holepunkt zu weit achtern, dann öffnet sich das Achterliek zunächst im oberen Bereich. Das bedeutet, dass dieser Teil des Segels zu spitz angeströmt wird. Also wird der obere Luv-Faden unruhig nach oben ausweben, während die beiden unteren nach wie vor waagerecht nach achtern flattern.

Um diese vorzüglichen Steuer- und Trimmhilfen auch nachts nutzen zu können, werden auf den meisten Regattayachten Zusatzscheinwerfer installiert. Diese befinden sich unter Deck und scheinen durch kleine Fenster im Vordeck oder in den Seitendecks. Mit ihnen wird das wichtigste Fadenpaar angestrahlt. Das ist meist das untere. Eine Taschenlampe tut es auch. Die Leuchtkraft darf nur nicht zu groß sein, sonst würde der weiße Lichtkegel im Segel den Rudergänger blenden.

Die Achterliek-Trimmleine

Sie dient – wie auch die des Großsegels – nicht zum Trimmen des Profils. Mit ihr soll lediglich das Killen des Achterlieks vermieden werden. Besonders ältere Vorsegel neigen dazu, im Achterliek »auszuleiern«; die Achterliekleine soll nur so weit dichtgezogen werden, dass das Killen gerade aufhört. Besonders gefährlich sind zu lange Leinen, sie können sich leicht in den Waten verhaken und das Achterliek von unten nach oben aufreißen. Deshalb: gegebenenfalls bis auf etwa 10 Zentimeter abschneiden.

Das Unterliek

Auf der Lee-Seite eines Segels bildet sich bei Windanströmung ein Unterdruck. Zwischen Lee und Luv des Segels baut sich also eine Druckdifferenz auf; diese erzeugt eine Vortriebskraft. Je geringer diese Druckdifferenz ist, desto schwächer ist auch die Krafterzeugung.
Ein Druckausgleich zwischen Lee und Luv findet beispielsweise am Unterliek statt, wenn das Liek nicht auf dem Deck aufliegt. Deshalb sollte eine Genua I mit dem Deck abschließen. Das hat zwar den Nachteil, dass der Crew die Sicht nach vorn genommen wird, dem jedoch kann durch ein großes Fenster im Vorsegel abgeholfen werden. Die hierfür verwendeten Klarsichtfolien sind sehr strapazierbar, dürfen beim Zusammenlegen des Segels jedoch möglichst nicht scharf geknickt werden.

Die richtige Profiltiefe

Es gilt ganz allgemein, dass bei geringer Windstärke ein tiefes Segelprofil besser zieht als ein flachgetrimmtes. Ein flaches Segel wiederum soll bei viel Wind das richtige sein.

Beide Ansichten sind grundsätzlich richtig. Und doch gibt es häufig Situationen, bei denen ein hiervon abweichender Trimm zweckmäßig ist. Denn nicht nur die Windstärke allein ist für die Profilwahl maßgebend. Auch der Wellengang und die Bootsform beeinflussen den Segeltrimm.

Angenommen Sie segeln bei frischer Brise und glattem Wasser mit flachgetrimmten Segeln hoch am Wind. Das Boot läuft fast Rumpfgeschwindigkeit [Rumpfgeschwindigkeit (Knoten) = $\sqrt{\text{Länge der Wasserlinie}} \times 2,43$]. Nach einiger Zeit erreichen Sie offenes Wasser. Es steht ein unangenehmer, kurzer Seegang. Der Bug des Bootes bohrt sich hin und wieder tief in die Wellen hinein. Das Boot wird hierdurch hart abgebremst. Nach jeder Fast-Vollbremsung muss es wieder beschleunigen. Dieses Beschleunigen erfordert besonders viel Vortriebskraft, denn es muss der Widerstand der Wellenkraft überwunden werden. Die Segel müssen also bei Seegang mehr Energie liefern als bei glattem Wasser.

Fazit: Die Segel müssen – auch auf einem Amwind-Kurs – im Profil tiefer eingestellt werden, denn ein tiefes Profil liefert mehr Vortriebskraft als ein flaches. Gleichzeitig muss etwas auf Höhe verzichtet werden.

Eine Analogie mag dieses veranschaulichen: Ein Lastenflugzeug soll schwergewichtige Ware transportieren. Hierfür müssen die Flügelprofile viel Auftriebskraft entwickeln. Diese Kraft liefert nur ein »energiereiches«, tiefes Tragflächenprofil, jedoch nicht ein flaches. Also haben solche Flugzeuge besonders tiefe Tragflächenprofile, wie auf Flugplätzen zu beobachten ist.

Flache Profile werden angewendet bei Düsenjägern oder Segelflugzeugen. Hier kommt es nicht auf ein energiereiches Profil an, denn die benötigte Auftriebskraft ist geringer als beim Lastenflugzeug.

Eine andere Situation soll verdeutlichen, dass auch bei weniger Wind ein flaches Segel vorteilhaft sein kann: Eine am Wind segelnde, besonders schlanke Yacht erreicht bereits bei etwa 3 Beaufort fast ihre Rumpfgeschwindigkeit. Das Wasser ist glatt und bietet so dem Rumpf minimalen Widerstand. Jetzt kann – obwohl es nur leicht weht – frühzeitig auf flache Segelprofile umgetrimmt werden.

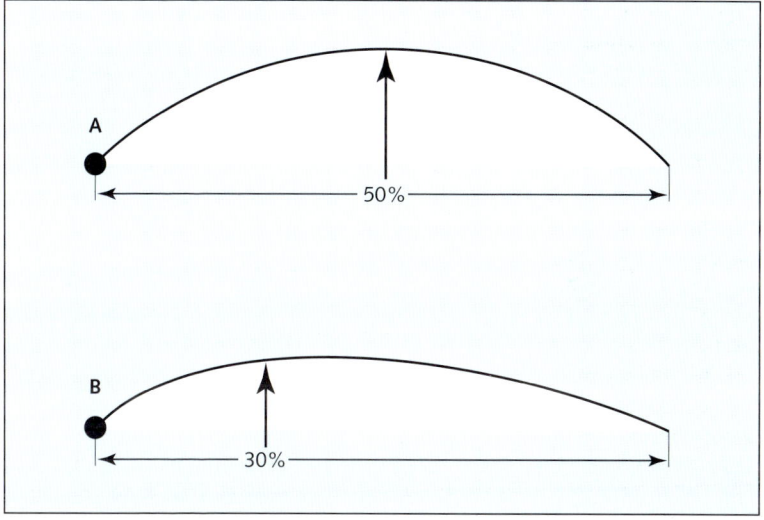

Bei einem tiefen Segelprofil liegt die maximale Profiltiefe etwa bei 50 Prozent der Segelbreite, also in der Mitte zwischen Vor- und Achterliek. Flacht man dieses Profil ab, dann wandert der Bauch des Segels nach vorn, gleichzeitig nimmt die Profiltiefe ab.
Aus einem tiefen Profil lässt sich mehr Energie gewinnen als aus einem flachen, allerdings läuft man damit eine schlechtere Höhe am Wind.

Würden die Segel nämlich, dem Grundsatz entsprechend – wenig Wind = tiefe Profile – bauchig eingestellt werden, dann könnten diese zwar mehr Energie (Vortriebskraft) liefern als ein flaches Segel. Dieses Plus an Energie kann in diesem Fall jedoch kaum in zusätzliche Geschwindigkeit umgesetzt werden, denn die Yacht läuft ja bereits fast Rumpfgeschwindigkeit. Die überschüssige Energie würde sich lediglich durch höheren Segeldruck bemerkbar machen. Das wiederum führt nur zu unnötiger, geschwindigkeitshemmender Schräglage.
Fazit: Bei glattem Wasser können die Segelprofile frühzeitig abgeflacht werden, da der Widerstand der Wellen fehlt. Mit einem flachen Profil lässt es sich höher am Wind segeln als mit einem tiefen.

Der Mastfall

Darunter versteht man die Neigung des Mastes nach achtern. Folglich ist bei senkrecht stehendem Mast der Mastfall gleich Null. Die Bezeichnung bezieht sich allein auf die schräge Maststellung, nicht etwa auf die Biegekurve eines Mastes.

Es hat sich gezeigt, dass Jollen, Katamarane und teilweise auch Yachten, etwa ab Mittelwind und vor allem bei Seegang, mit Mastfall deutlich bessere Amwind-Segeleigenschaften haben als solche, deren Mast senkrecht getrimmt ist. Allerdings gibt es klassenspezifische Ausnahmen, beispielsweise beim Soling. In dieser olympischen Bootsklasse wird der Mastfall bei wenig Wind dazu benutzt, um Druck im Achterliek des Großsegels und somit Ruderdruck zu erhalten. Mit zunehmendem Wind wird der Mast aufrechter gestellt, um der bei Schräglage zunehmenden Luvgierigkeit entgegenzuwirken.

Großer Mastfall sorgt dafür, dass der Bug eines Bootes entlastet wird, so kann das Vorschiff leichter durch den Seegang kommen. Diese Entlastung entsteht einerseits durch das weiter achtern befindliche Gewicht des Mastes, zum anderen auch durch das verminderte Massenträgheitsmoment in Boots-Längsrichtung. Hinzu kommt, dass bei schräg angestelltem Großsegel nicht nur eine nach vorn gerichtete Kraft entwickelt wird, sondern es kommt eine nach oben wirkende Kraft hinzu.

Mastfall wirkt sich jedoch negativ auf die Vormwind-Geschwindigkeit aus. Vor dem Wind wirkt das Großsegel als projizierte Fläche. Und die verringert sich bei schrägem Mast. Der Mast muss daher vor dem Wind wieder aufrecht getrimmt werden. Aber: Segelt man so vor dem Wind, dann wird das Großsegel zwar vom Luftstrom angeströmt, jedoch kaum umströmt. Das Großsegel wirkt dem Wind gegenüber lediglich als »Hindernis«, es arbeitet jedoch nicht als Profil. Bei einem angeströmten Hindernis entstehen in Lee Strömungsturbulenzen, bei einem umströmten Profil hingegen baut sich ein Unterdruck auf. Lässt man nun den Mast über die Senkrechte hinaus nach vorn fallen, dann wird das Großsegel wieder umströmt. In Lee des Segels entsteht ein Unterdruck. Das Boot läuft schneller. Ein solcher Masttrimm – Topp nach vorn geneigt – ist vor allem bei den olympischen Starbooten zu beobachten. Das Spiel mit dem Mastfall funktioniert nur bei Booten, deren nicht verstellbare Wanten annähernd seitlich des Mastes angreifen. Dann kann der Mastfuß als Drehpunkt arbeiten, und der Mast kippt um diesen Drehpunkt herum.

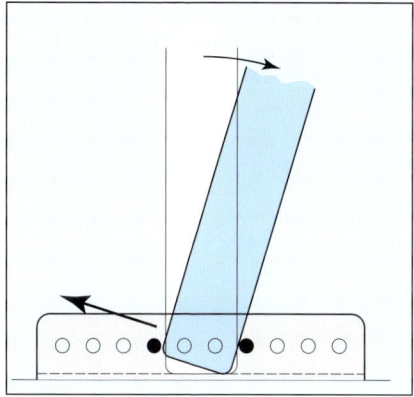

Bei besonders starkem Mastfall muss darauf geachtet werden, ob der Mastfuß noch sicher genug in der Spur steht. Er kann sonst leicht nach vorn herausspringen.

Hierfür geeignet ist nur das 7/8-Rigg mit Backstagen. Beim Jollenrigg sind Wantenverstellungen notwendig, die während des Segelns bedient werden können. Dieses ist vor allem in der Flying-Dutchman-Klasse üblich.

Soll der Mast vor dem Wind gerade hingestellt werden, dann müssen Achterstag und Backstagen gefiert werden. Der Mast wird durch den Winddruck in den Segeln selbstständig nach vorn kippen. Das Vorstag hängt jetzt lose durch. Es ist zweckmäßig, den Mast vor allem im Seegang in dieser Position zu sichern, sonst kommt es zu unkontrollierbarem Schaukeln des Mastes, er könnte beschädigt werden. Diese Sicherung ist einfach. Entweder wird das Fall eines gesetzten Vorsegels weiter durchgesetzt oder man schlägt ein anderes Fall am Bugbeschlag an und setzt dieses durch.

Vorsicht! Soll der Mast bei hartem Wetter nach absolviertem Amwind-Kurs auf einen Vormwind-Trimm gebracht werden, dann muss zunächst das Achterstag gefiert werden, erst dann folgt das Backstag. Würde zuerst das Backstag gefiert werden, so würde das stramm durchgesetzte Achterstag den Masttopp nach achtern abbrechen; ganz nach dem in Regattakreisen kursierenden Schnack: »Fährst du den Mast gerade oder krumm, löst du's Backstag – fällt er um.«

Soll bei einer Yacht der Mastfall bleibend erhöht werden, dann sind einige Dinge zu beachten. Zunächst muss das Vorstag verlängert werden. Hierfür gibt es im Fachhandel so genannte Toggles, Metall-Verbindungsglieder, die

Durch Einfügen eines Toggles zwischen Vorstag und Vorstag-Decksbeschlag kann erhöhter Mastfall eingestellt werden.

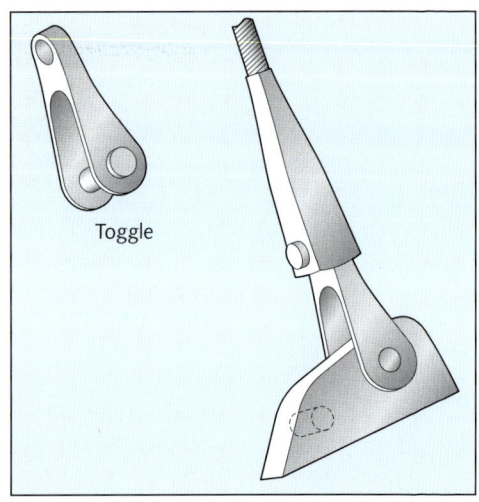

Toggle

zwischen Wantenspanner und Vorstagpütting eingefügt werden. Eventuell müssen auch das Achterstag und die Wanten angepasst werden. Weiterhin ist zu berücksichtigen, dass die Schothörner der Vorsegel durch mehr Mastfall weiter nach unten reichen. Das gilt vor allem für die Genua I, deren Unterliek meist sehr tief geschnitten ist. Sollte das Achterliek bei schrägem Mast nicht mehr ausreichend geschlossen werden können, muss das Segel umgearbeitet werden. Oder man lässt sich vom Segelmacher mehrere übereinander liegende Schotaugen einarbeiten. Bei maximalem Mastfall wird dann die Schot im obersten Auge angeschlagen.

Schließlich muss daran gedacht werden, dass die Großbaumnock tiefer kommt; die Grenze des möglichen Mastfalls ist erreicht, wenn die Nock nur noch knapp über der Seereling vorbeistreicht.

Mehr Mastfall bedeutet auch: mehr Luvgierigkeit, was konstruktive Veränderungen nach sich ziehen kann.

Luvgierigkeit – Ursachen und Abhilfen

Serien-Yachten und -Jollen sind in der Regel so konstruiert, dass sie bei richtiger Handhabung einigermaßen ausgeglichen auf dem Ruder liegen. Eine leichte Luvgierigkeit ist sogar zu begrüßen. Leegierigkeit ist immer unerwünscht. Übermäßige Luvgierigkeit entsteht dadurch, dass der Gesamt-Segeldruckpunkt hinter dem Lateraldruckpunkt des Unterwasserschiffes liegt. Das könnte daran liegen, dass zuviel Mastfall gefahren wird oder dass die Segel entweder zu bauchig sind oder falsch getrimmt werden. Manchmal allerdings liegt's am Konstrukteur oder der Werft. Dann helfen nur noch konstruktive Änderungen wie:

• Versetzen des Kiels nach achtern
• Verlängerung der Kielfläche nach achtern
• Versetzen des Mastes nach vorn
• Nachrüstung eines Klüverbaums
• Verlagerung von Ballast nach achtern.

Die zuletzt genannte Abhilfe kann in beschränktem Maß auch vom Eigner selbst durchgeführt werden. Man staut schwergewichtige Ausrüstungsgegenstände achterlicher. Hierdurch schwimmt das Vorschiff höher auf und wird durch den Winddruck gegen das Vorsegel leichter nach Lee gedrückt. Wir

Wird die Großschot zu dicht gefahren, verstärkt sich der Winddruck auf dem Achterliek des Großsegels. Die Folge: Das Boot wird luvgierig und krängt sehr stark.

wollen uns jedoch mit Trimm-Maßnahmen beschäftigen, die von der Crew am Rigg vorgenommen werden können.

In den meisten Fällen ist für übermäßige Luvgierigkeit ein falscher Großsegeltrimm verantwortlich, vor allem ein zu geschlossenes Achterliek. Hierdurch wird der Winddruck auf die Lattenpartie sehr groß. Die Latten befinden sich achterlich vom Drehpunkt des Bootes; somit wird der hintere Teil des Bootes nach Lee gedrückt, der Bug nach Luv. Und das ergibt Luvgierigkeit.

Abhilfen: Das Achterliek muss offener getrimmt werden durch

- Durchsetzen des Großfalls
- Durchsetzen des Vorliekstreckers
- Durchsetzen des Unterliekstreckers
- leichtes Fieren der Großschot
- eine größere Mastbiegung
- Verschieben des Travellerschlittens nach Lee
- Reffen, wenn zu viel Schräglage gefahren wird.

Eine weitere Ursache für starke Luvgierigkeit kann darin liegen, dass bei einem weit außen liegenden Vorsegel-Schotholepunkt das Großsegel zu weit mittschiffs gezogen wurde.

Abhilfen:

Vorsegel und Großsegel müssen annähernd den gleichen Anstellwinkel zum Wind erhalten. Die Flächen sollten annähernd parallel zueinander stehen. Entweder werden die Vorsegel-Schotholepunkte nach innen verlegt, oder der Großbaum muss weiter nach Lee angestellt werden. Ist ein Traveller vorhanden, so sollte dieser nach Lee geschoben werden. Hierdurch bleibt der Schotzug senkrecht zum Baum, und das Großsegel verwindet nicht. Fehlt ein solcher, muss die Schot gefiert werden. Ein gleichzeitiges Steigen des Großbaums und damit ein Verwinden des Segels wird vermieden, wenn hierbei der Großbaum-Niederholer kräftig durchgesetzt wird. Hierzu ein kleiner Trick, um auch einen einfachen, wenig untersetzten Niederholer ohne viel Kraftaufwand dicht zu bekommen: Das Boot wird kurzfristig in den Wind gestellt und die Großschot vollständig dichtgeholt. Dann wird der Niederholer durchgesetzt. Wird anschließend die Großschot wieder gefiert, kommt volle Spannung auf den Niederholer. Nur so kann beim Fehlen eines Travellers, bei gleichzeitigem Fieren der Großschot, ein übermäßiges Verwinden des Großsegels vermieden werden. Auch kann die Ursache für starke Luvgierigkeit eine zu bauchige Genua sein. Der Winddruck auf dem Achterliek wird dann so groß, dass ein

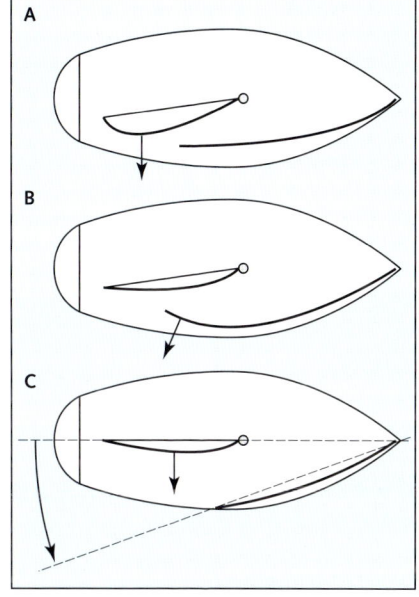

Drei Ursachen für Luvgierigkeit

A: *Das Großsegel ist zu bauchig und im Achterliek zu geschlossen. Der Winddruck gegen das Achterliek wird sehr groß, es entsteht ein luvendes Moment.*

B: *Die Genua ist zu bauchig und im Achterliek zu geschlossen. Es entsteht ein hoher Winddruck in diesem Bereich. Dieser befindet sich achterlich vom Drehpunkt des Bootes. Das Boot luvt.*

C: *Der Holepunkt des Vorsegels liegt sehr weit außen auf dem Seitendeck. Gleichzeitig wird der Großbaum mit der Großschot fast mittschiffs geholt. Hierdurch ergibt sich ein luvendes Moment.*

luvendes Moment auftritt. Denn das Achterliek liegt hinter dem Drehpunkt des Bootes bei Schräglage.

Abhilfen:

Abflachen der Genua und Öffnen des Achterlieks durch

● strammeres Durchsetzen des Vorstags
● strammeres Durchsetzen des Genuafalls
● Verlagerung des Schot-Holepunktes nach achtern.

Schließlich führt bei modernen Yachten mit flachem Unterwasserschiff starke Krängung zu Luvgierigkeit. Dabei »verbiegen« sich gewissermaßen die vom Wasser umströmten Unterwasserschiffslinien. Eine Demonstration dieses Effekts lässt sich wirkungsvoll an einem Boot vornehmen, bei dem die Pinne mittschiffs belegt ist. Krängt man es durch Gewichtstrimm nach Lee, wird es luvgierig. Krängt man es hingegen nach Luv, wird es leegierig. Dieser empfindlichen Reaktion moderner Linien muss man Rechnung tragen, indem aufrecht gesegelt werden muss. Das bedeutet auch: rechtzeitig reffen.

Der Trimm auf einem Amwind-Kurs

Bei Leichtwind

Ist die Kraft des Windes so gering, dass sich die Segel kaum in ihr Profil formen können, so muss dem durch Gewichtstrimm abgeholfen werden. Denn nur aus einem Profil lässt sich bestmögliche Vortriebskraft gewinnen, nicht jedoch aus einer schlaff herunterhängenden Segeltuchfläche. Hierfür wird das Boot nach Lee gekrängt, jetzt fallen die Segel durch das Gewicht des Segeltuchs in ihre Profile. Diese sind nun auf »Stand-by« und können beim leisesten Windhauch mit dem Vortrieb beginnen. Das Krängen nach Lee ist am wirkungsvollsten, wenn die Crew sich nicht nur an der breitesten Stelle auf dem Seitendeck platziert, sondern auch in Lee auf dem Vordeck oder gar unter Deck. Durch diesen Trimm nach vorn erhält der Rumpf eine labilere Schwimmlage und ist deshalb bereit, sich noch mehr zu »verneigen«. Außerdem wird durch diesen Trimm die vom Wasser benetzte Unterwasserschiffsfläche verringert; das mindert den Reibungswiderstand und sorgt für zusätzlichen Geschwindigkeitsgewinn.

Jede ruckartige Bewegung der Crew führt bei Leichtwetter zum Abreißen der Wind- und Wasserströmung. Rhythmisches Schaukeln des Bootes bringt zwar Vortrieb, ist aber während einer Wettfahrt gemäß den Wettsegelbestimmungen verboten.

Der Großsegeltrimm

Das Großsegel soll unter diesen Bedingungen möglichst viel Vortriebskraft liefern; gute Höhe am Wind ist zweitrangig. Bei hauchdünner Brise liegen glatt 10 Grad weniger Höhe drin als bei mittlerem Wind. Das gilt vor allem bei Seegang. Das Segel muss daher – bei gerade getrimmtem Mast – bauchig eingestellt werden. Hierfür wird das Vorliek nur so weit durchgesetzt, bis die zwischen Vorliek und Schothorn auftretenden Falten fast nicht mehr sichtbar sind. Das Unterliek sollte so weit gefiert werden, bis das Segel im unteren Bereich maximale Profiltiefe erhalten hat.

Die am Segel entlangstreichende Luft muss harmonisch aus dem Achterliek abfließen können, es muss deshalb leicht geöffnet werden. Das geschieht zunächst durch geringeren Großschotzug, um das Achterliek zu entlasten. Nun kann es jedoch vorkommen, dass bei sehr geringem Wind dieser nicht genügenden Segeldruck entwickelt, um den Großbaum etwas steigen zu lassen; denn das Eigengewicht des Baumes und die daran senkrecht angreifende Schot ziehen das Achterliek stramm. In einem solchen Fall lohnt es sich, den Travellerschlitten ganz nach Luv zu holen. Dann greift die Schot schräg am Baum an; bei einer leichten Bö kann der Baum besser steigen, um das Achterliek zu öffnen. Diese Wirkung kann noch verfeinert werden, wenn der Großbaum von unnötigem Gewicht befreit wird; so können beispielsweise der Niederholer abgeschäkelt und einige Parten der Großschot ausgeschoren werden. Bei zunehmendem Wind darf sich das Achterliek nicht weiter öffnen, deshalb muss der Traveller dann wieder annähernd mittschiffs gefahren werden. Wird allerdings eine weit überlappende Genua gefahren, dann darf der Traveller weiterhin in Luv verbleiben. Ein übermäßiges Öffnen des Achterlieks wird dann durch Dichtsetzen des Großbaum-Niederholers vermieden. Einige Segel sind mit einer durchgehenden Latte im Toppbereich versehen. Diese sollte bei Leichtwind etwas strammer eingebunden werden, um den oberen Teil des Segels bauchiger zu gestalten.

Der Vorsegeltrimm

Wie das Großsegel, so muss auch das Vorsegel bauchig getrimmt werden. Zunächst wird das Fall nur so weit durchgesetzt, bis sich im Vorliekbereich die ersten Diagonalfalten schwach andeuten. Die zweite Maßnahme trifft den Schot-Holepunkt. Wird dieser leicht nach vorn verlagert, so erhält das Segel eine noch bauchigere Form; allerdings wird hierdurch das Achterliek geschlossen. Dem kann durch leichtes Fieren der Schot begegnet werden. Bei besonders leichtem Wind kann durch das Gewicht der Schot das Achterliek wieder übermäßig geschlossen werden, leichtere Schoten vermindern diesen Effekt. Zusätzliche Profiltiefe schafft ein etwas durchhängendes Vorstag.
Das Ergebnis aller Trimmbemühungen sollte schließlich sein, dass die größte Profiltiefe bis etwa zur Mitte des Segels gewandert ist.

Bei Mittelwind

Bei mittleren Windstärken lässt sich ein Boot noch aufrecht genug segeln, ohne dass extreme Trimmveränderungen vorgenommen werden müssen. Die

Segel werden durch höhere Liekspannungen abgeflacht, wobei auch hier wieder darauf geachtet werden sollte, dass keine Falten im Tuch sichtbar werden. Dieses Abflachen gilt vor allem für schlanke Yachten und bei relativ glattem Wasser. Bei völligen Rümpfen und Seegang muss mit dem Umtrimmen etwas länger gewartet werden.

Der Großsegeltrimm

Das Achterliek darf bei glattem Wasser fast geschlossen werden. Das Segel arbeitet jetzt mit 100-prozentiger Leistung. Dieses Schließen wird vor allem durch einen hohen Schotzug erreicht. Der Travellerschlitten wird annähernd mittschiffs gefahren. Ein strammes Durchsetzen des Vorlieks bewirkt, dass die Profiltiefe abnimmt und gleichzeitig nach vorn wandert. So entsteht ein »schnelleres«, aber energieärmeres Profil. Dieses »schnellere« Profil ist insofern logisch, als der Wind auch schneller am Segel entlangstreicht. Nimmt der Wind weiter zu, muss ein weiteres Abflachen erfolgen – durch eine größere Mastbiegung. Das Boot läuft jetzt bestmögliche Höhe.

Der Vorsegeltrimm

Wie auch das Großsegel, wird das Vorsegel zunächst durch eine größere Fallspannung flacher getrimmt; gleichzeitig muss der bei geringem Wind nach vorn verstellte Schot-Holepunkt wieder zurückgenommen werden. Einen wesentlichen Anteil für die Verlagerung und Verringerung der Profiltiefe des Segels nach vorn hat ein strammes Vorstag. Während dieses bei wenig Wind ruhig etwas nach Lee durchhängen durfte, muss es bei auffrischendem Wind zunehmend stramm durchgesetzt werden. Je geringer der Durchhang, desto besser die Amwind-Eigenschaften.

Bei Starkwind

Bei Starkwind ist es oberstes Gebot, das Boot nur so weit gekrängt zu segeln, wie es seine Konstruktionslinien zulassen. Nur dann kann das vorhandene Geschwindigkeitspotenzial auch ausgeschöpft werden. Das bedeutet bei glattem Wasser: Die Segel müssen flach und nach oben hin zunehmend offen getrimmt werden. Bei Seegang sind offene Segel genauso gefragt, jedoch dürfen die Profile etwas bauchiger sein. Wichtig ist, den Winddruck in den

Achterliek-Bereichen so gering wie möglich zu halten, um die krängende – und meist auch luvende – Wirkung zu reduzieren. Luvende Wirkung hat vor allem der Winddruck gegen die Lattenpartie des Großsegels. Droht trotz aller abflachenden und öffnenden Trimm-Maßnahmen zu viel Schräglage oder gar eine Kenterung (mit Jollen), gibt's nur eines: Die Großschot muss sofort beherzt gefiert werden, um das luvende Moment wieder zu verringern. Ein gut konstruiertes Boot wird auch mit total killendem Großsegel, aber stehendem Vorsegel ausreichend schnell weitersegeln und vor allem manövrierfähig bleiben. In diesem Zusammenhang sei vor einem häufig beobachteten Bedienungsfehler gewarnt, der die Sicherheit des Bootes und seiner Crew gefährden kann. Wird das Boot von einer besonders harten Bö getroffen, ist es falsch, die Großschot belegt zu lassen, die Fockschot jedoch etwas zu fieren. Das Boot schießt dann blitzschnell in den Wind, geht danach durch den Wind und bleibt hart gekrängt beigedreht und mit backstehendem Vorsegel liegen. Es kann zu Wassereinbruch in die Backskisten oder gar in den Niedergang kommen.

Der Großsegeltrimm

Um das Segel so flach wie möglich trimmen zu können, muss vor allem der Mast maximal gebogen werden. Das Profiltiefen-Minimum ist erreicht, wenn die Segellatten etwa parallel zur Bootsrichtung stehen. Das Minimum wird überschritten, wenn die Latten nach Lee wegklappen und das Achterliek zu schlagen beginnt. Es ist dann zu sehr geöffnet. Durch eine extreme Abflachung des Profils kann das Großsegel fast wie ein Brett in den Wind gestellt werden. Ein im Wind killendes Segel bremst, ein flaches »Brett« jedoch steht nur im Wind. Ist ein solcher Trimm erreicht, wird das Boot nur noch vom Vorsegel angetrieben. Die krängende Wirkung lässt dabei drastisch nach. Die Möglichkeit des Abflachens bieten den Vorteil, während einer kurzzeitigen harten Bö auf das Reffen verzichten zu können.

Das Vorliek wird wieder so weit durchgesetzt, dass keine Faltenbildung hinter dem Mast sichtbar wird. Das geschieht entweder mit dem Großfall oder auch mit dem Vorliekstrecker. Durch ein Dichtholen dieses Streckers wird gleichzeitig das Achterliek zusätzlich geöffnet.

Eine weitere Verringerung des Segeldrucks wird erreicht, wenn der Travellerschlitten nach Lee angestellt wird. Das hat den Vorteil, dass die Großschot nicht gefiert zu werden braucht. Hierdurch bleibt das Achterliek gespannt, weil die Baumnock nicht steigt. Das Segel öffnet sich im oberen Bereich nicht zu sehr. Diese Trimm-Maßnahme ist dann vorteilhaft, wenn es nicht übermäßig hart weht. Wird allerdings eine überlappende Genua gefahren – und das ist bei Regattabooten häufig üblich –, dann muss bei gefiertem Travellerschlitten mit einem großen Gegenbauch im Großsegel gerechnet werden. Dem kann jedoch bis zu einem gewissen Grad durch einen besonderen Vorsegeltrimm entgegengewirkt werden.

Durch diese Stellung des Travellerschlittens kann zwar weniger Höhe gefahren werden, das spielt bei Gleitjollen jedoch oft keine Rolle. Nicht bestmögliche Höhe, sondern aufrechtes Segeln und hohe Geschwindigkeit sind bei Hartwetter wichtig. Beim Anstellen des Großsegels nach Lee wird ein gleitähnlicher Zustand erreicht, sodass – trotz schlechterer Höhe – die Geschwindigkeit nach Luv deutlich verbessert werden kann.

Die Bedienungsleine des Travellerschlittens sollte stets in Luv im Griffbereich liegen. Der Schlitten kann dann bei einer heftigen Bö sofort gefiert und bei nachlassendem Wind wieder zurückgeholt werden. Bei hartem und böigem Wind zeigt sich, wer ein guter Steuermann ist. Es wird gekonnt gesteuert, wenn die Schräglage des Bootes einigermaßen konstant bleibt, gleichgültig, ob gerade eine Bö durchs Rigg heult oder ob es zwischendurch handig weht. Die Segel, vornehmlich das Großsegel, müssen mit gleichbleibendem Druck gefahren werden. Und hierfür ist es eben notwendig, ständig mit dem Traveller und auch mit der Großschot zu arbeiten.

Herrscht bei Hartwetter relativ viel Seegang, sollte das Großsegel im unteren Bereich etwas bauchiger eingestellt werden. Hierfür müssen Unterliek- und Vorliekstrecker wieder etwas gefiert werden. Lässt sich das Boot jedoch nicht mehr aufrecht genug segeln, muss gerefft werden. Besser ein gerefftes bauchiges Segel als ein ungerefftes flaches.

Der Vorsegeltrimm

Auch ein Vorsegel muss bei Hartwetter flach und im oberen Bereich offener getrimmt werden. Hierfür ist es zunächst wichtig, dass das Vorstag maximal stramm getrimmt und das Vorliek kräftig durchgesetzt wird. Bei einigen Vorsegeln ist am Hals ein kleiner Vorliekstrecker eingearbeitet; mit ihm kann das Profil ebenfalls abgeflacht werden.

Kann ein Boot trotz flachgetrimmten Vorsegels nicht mehr aufrecht genug gesegelt werden, muss das Achterliek geöffnet werden. Beispielsweise durch Verlagerung der Schot-Holepunkte nach achtern oder – bei Verwendung von

Barberhaulern – nach oben. Das Segel wird jetzt zwar im oberen Bereich kaum noch ziehen, das ist aber auch unwichtig. Entscheidend ist allein, dass der Segeldruckpunkt tiefer kommt und somit aufrechter gesegelt werden kann. Und noch ein anderer Effekt wird mit diesem Trimm erreicht.

Durch das Öffnen des Achterlieks kann der Abwind aus dem Vorsegel leichter entweichen. Er trifft das Großsegel nicht mehr so hart. Es steht besser.

Ein Öffnen des Achterlieks kann auch auf andere Weise erreicht werden. Die Schot-Holepunkte bleiben dabei unverändert, stattdessen wird mehr Mastfall gefahren.

Schließlich gelangt man noch auf eine mehr oder weniger unerwünschte Art zu einem solchen Trimm; durch die natürliche Dehnung des Segeltuches. Dieses vom Winddruck abhängige vollautomatische Öffnen des Vorsegels ist schwer kalkulierbar und kann nur durch individuelles Beobachten in den Griff bekommen werden.

Bei relativ viel Seegang gilt, dass eine etwas bauchigere Fock besser zieht als eine flachgetrimmte Genua.

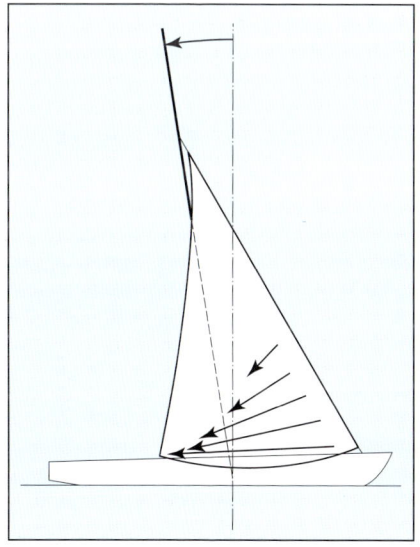

Wird mehr Mastfall gefahren, so öffnet sich automatisch das Genua-Achterliek, eine willkommene »Schot-Holepunktverstellung« bei viel Wind.

73

Der Trimm auf einem Raumschots-Kurs

Bei Leichtwind

Der Trimm von Vor- und Großsegel weicht nicht wesentlich von dem bei einem Amwind-Kurs ab. Beide Segel werden noch bauchiger eingestellt, denn es muss ein Vortriebsmaximum erreicht werden; der Faktor »Höhe« entfällt. Zur Verminderung des Unterwasserschiffs-Widerstands sollte das Heck des Bootes besonders entlastet werden. Der Crew muss das Boot also besonders wirkungsvoll nach vorn, auf den Kopf, trimmen.

Der Großsegeltrimm

Maximale Profiltiefe wird erreicht, wenn der Mast nicht nur gerade, sondern gar »negativ« gebogen wird. Das bedeutet, dass er eine konvexe Kurve nach achtern aufweist, der Topp also nach vorn geneigt ist. Ein so merkwürdig getrimmter Mast mag vielleicht ungewohnt aussehen, aber auch hier heiligt der Zweck die Mittel.

Das Vorliek darf so weit gefiert werden, bis die ersten Diagonalfalten in diesem Bereich sichtbar werden. Maximale Profiltiefe ist wichtiger als der optische Eindruck. Das Gleiche gilt für das Unterliek. Diese Falten – senkrecht zur Windströmung verlaufend – dürfen jedoch keine bremsende Wirkung haben. Das Achterliek muss annähernd geschlossen bleiben. Da die Großschot nicht mehr senkrecht am Großbaum angreift und hierdurch das Öffnen des Achterlieks kontrolliert, muss diese Aufgabe der Niederholer übernehmen. Das beginnt bereits bei Leichtwind. Es gehört etwas Fingerspitzengefühl dazu, dieses »annähernd geschlossen« hinzubekommen. Auch hierbei helfen die im Achterliek angebrachten Windfäden. Die Position des Travellerschlittens spielt keine Rolle.

Der Vorsegeltrimm

Ein besonders bauchiges Profil wird durch ein Durchsacken des Vorstags und Fieren des Falls erreicht. Im Vorliekbereich dürfen die ersten Diagonalfalten erscheinen. Gleichzeitig gehört der Schot-Holepunkt nach vorn und nach außen verlagert.

Bei Mittelwind

Der Großsegeltrimm

Mit zunehmendem Wind wird die Funktion des Großbaum-Niederholers wichtiger. Das Achterliek muss annähernd geschlossen bleiben, vor allem bei glattem Wasser. Auf spitzem Raumschots-Kurs arbeiten viele Niederholer unzureichend, da sie sich dehnen oder zu schwach untersetzt sind. Ihre Funktion kann auf diesem Kurs von der Großschot übernommen werden, wenn diese auf einer besonders langen Travellerschiene ganz nach Lee verlagert wird.

Fällt der Wind einigermaßen spitz ein, kann weiterhin mit erhöhtem Mastfall gefahren werden. Die Vorteile werden immer geringer, wenn der Wind achterlicher als dwars einfällt. Der Mast muss dann wieder senkrecht getrimmt werden.

Solange das Boot mühelos aufrecht genug gesegelt werden kann, darf auch der Mast noch »negativ« gebogen bleiben. Ist das nicht mehr der Fall, dann muss das Segel wieder etwas abgeflacht werden, der Mast wird also wieder gerade getrimmt.

Der Vorsegeltrimm

Die Profileinstellung entspricht der bei Leichtwind. Eventuell muss das Fall etwas mehr durchgesetzt werden, um übermäßige Faltenbildung im Vorliekbereich zu vermeiden. Der Schot-Holepunkt bleibt unverändert.

Bei Starkwind

Solange die sichere Führung einer Yacht oder einer Jolle gewährleistet ist, dürfen die Segel auch energiereich getrimmt bleiben, also bauchig und geschlossen. Dem Steuermann muss es nur gelingen, nach Luv oder gar Lee gerichtete Momente zu vermeiden.

Weht es jedoch härter, muss zwischen optimalem Trimm und sicherer Bootsführung ein Kompromiss geschlossen werden. Jeder Crew bleibt es überlassen, zu welcher Seite des Kompromisses unter den jeweiligen Bedingungen sie zu tendieren beabsichtigt. Das bedeutet, dass die Energie aus den Segeln genommen werden muss, indem sie flacher und offener getrimmt werden müssen. Das ständige Arbeiten mit den Schoten ist – bei aller Wichtigkeit richtigen

Trimmens – weit ausschlaggebender fürs sichere und schnellere Vorwärts-kommen. Ein vielleicht nur halb durchgesetzter Cunningham-Strecker spielt da nur eine untergeordnete Rolle.

Zur sicheren Bootsführung gehört auch, dass die Wasserfläche in Luv ständig beobachtet wird. Harte Böen sind meist rechtzeitig zu erkennen. Und ist die Gefahr erst einmal erkannt, können die Schoten auch zügig und vorbereitet gefiert werden. Solche Böen lassen sich am besten durch Abfallen und blitz-schnelles Fieren der Schoten parieren.

Der Großsegeltrimm

Unter diesen Bedingungen übernimmt der Großbaum-Niederholer eine tra-gende Rolle, bestimmt er doch sehr wesentlich den Stand des Segels. Das Unterliek darf durchgesetzt werden. Es ist wichtiger, Krängung zu vermeiden, als überschüssige Energie erzeugen zu wollen. Ist das Boot kaum noch zu halten, darf auch der Niederholer etwas gefiert werden. Das gilt vor allem für Boote mit besonders langem Großbaum. Krängen diese bei weit aufgefiertem Baum stark nach Lee, dann schleift die Nock hart durchs Wasser. Bei größe-ren Booten baut sich ein großes Kräftemoment auf; der Baum kann brechen. Jollen drehen sich über die Nock nach Lee weg und können kentern. Um sol-chen üblen Auswirkungen vorzubeugen, muss der Niederholer sofort voll-ständig gelöst werden. Die holende Part muss also im Griffbereich der Crew liegen und schnell gelöst werden können. Das Gleiche gilt für die Großschot, deren Bedienung in erfahrenen Händen liegen sollte.

Der Vorsegeltrimm

Der Trimm entspricht dem bei Mittelwind. Vor allem bei einer überlappenden Genua muss in den Böen das Achterliek durch Fieren der Schot sehr offen gefahren werden, ohne dass jedoch das Segel zu sehr killt. Auch wird hier-durch ein übermäßig großer Gegenbauch im Großsegel vermieden.

Der Trimm auf einem Vormwind-Kurs

Bei Leichtwind

Die Profileinstellungen beider Segel weichen nicht wesentlich von denen auf Raumschot-Kursen ab.

Der Großsegeltrimm
Um das Segel besonders bauchig, ja sogar sackartig wie einen Spinnaker zu trimmen, wird das Achterliekbändsel sehr stramm durchgesetzt. Vorher muss der Großbaum-Niederholer etwas gefiert werden. Der Mast sollte aufrecht oder gar nach vorn geneigt hingestellt werden. Boote mit langem Großbaum werden nach Luv gekrängt, damit die Segelfläche etwas mehr nach oben in ungestörteren Luftstrom verlagert wird. Ein typischer Trimm, wie er bei Starbooten oder Finn-Dinghies zu beobachten ist.

Der Vorsegeltrimm
Wird das Vorsegel mit einem Spinnakerbaum nach Luv gedrückt, so sollte dieser waagerecht getrimmt und so weit wie möglich nach Luv gezogen werden. Hierdurch erreicht man eine große projizierte Fläche. Achter- und Unterliek sind mit etwa gleicher Spannung einzustellen. Ist das Achterliek zu geschlossen, dann weicht der Wind aus dem offenen Unterliek heraus. Ist hingegen das Unterliek zu dicht gesetzt, verwindet das Achterliek im oberen Bereich zu stark, und der Wind entweicht kraftlos über das Liek nach vorn weg.

Bei Mittelwind

Der Großsegeltrimm
Die Profileinstellung entspricht derjenigen auf einem Leichtwind-Vormwind-Kurs. Um das Auswehen des Achterlieks völlig auszuschließen, muss der Niederholer stramm durchgesetzt werden. Hierbei darf nicht vergessen werden, das bei Leichtwind strammgezogene Achterliekbändsel rechtzeitig wieder zu fieren.

Der Vorsegeltrimm
Dieser unterscheidet sich nicht von demjenigen, der auch bei Leichtwind der richtige ist.

Bei Starkwind

Dieser Kurs kann durch falschen Trimm und einen schlechten Rudergänger zum Albtraum werden. Vor allem wenn die Gegend mit reichlich Seegang garniert ist. Dann trachtet jedes Boot danach, heftig zu geigen, also unkontrolliert und heftig nach Luv und nach Lee zu schaukeln. Um diesem entgegenzuwirken, sind vor allem drei Dinge wichtig. Zunächst muss das Boot nach achtern getrimmt werden. Durch diesen Trimm liegt es ruhiger, da der Heck-

Sieben Beaufort von achtern auf der Nordsee: Der Großbaum-Niederholer ist maximal dichtgesetzt. Dieser Großsegeltrimm vermindert nicht nur sehr wirksam ein Geigen der kleinen Yacht im Seegang, er sorgt auch für bestmögliche Geschwindigkeit und – wie in diesem J 24-Fall – für beeindruckende und sichere Surfs.

bereich aufgrund der größeren Wasserlinien-Breite mehr Stabilität bringt als der des schlanken Vorschiffs.

Zweitens muss der Rudergänger folgendes beachten: Sollte das Boot beginnen, nach Luv zu krängen, muss er sofort luven; krängt es nach Lee, muss entsprechend abgefallen werden. Nur durch schnelle Reaktion sowie vorausdenkendes und kräftiges Gegensteuern lässt sich das Geigen in den Griff bekommen.

Wird ein Spinnaker gefahren, so verstärkt dieser durch sein Hin-und-her-Pendeln die Schaukelbewegungen des Bootes. Eine Faustregel besagt: »Immer dem Spinnaker hinterhersteuern.« Da er den Mast mal nach Backbord, mal nach Steuerbord zieht, ist der schaukelnde Spinnaker den Bootsbewegungen immer um einen Hauch voraus. Der Rudergänger kann noch schneller reagieren. Der dritte Punkt betrifft den Großsegeltrimm.

Der Großsegeltrimm

Oberstes Gebot ist, dass der Großbaum-Niederholer absolut dichtgeholt wird. Das Achterliek muss völlig geschlossen bleiben, damit der Toppbereich des Segels die Schaukelbewegungen des Bootes besser dämpfen kann.

Nur mit diesem Trimm kann einem Geigen entgegengewirkt werden. Steigt der Großbaum auch nur ein wenig, öffnet sich sofort das Achterliek, der Toppbereich weht nach vorn und es treten nach Luv gerichtete Kräfte auf. Die stützende Wirkung des Achterlieks ist hin.

Das Segelprofil bleibt bauchig eingestellt.

Der Vorsegeltrimm

Der Spinnakerbaum sollte weit nach Luv gezogen werden, um das Vorsegel flach zu trimmen. Wird es durch einen zu weit nach vorn angestellten Baum bauchig getrimmt, beginnt es sich im Seegang aufzuschaukeln und unterstützt somit das Geigen. Der Schot-Holepunkt kann ganz nach vorn geschoben werden, dann wirkt die Schot etwas als Spinnakerbaum-Niederholer. Der Baum steht ruhiger.

Das toppgetakelte Rigg

Beim toppgeriggten Mast werden Vor- und Achterstag und die Oberwanten am Masttopp angeschlagen. Aufgrund der hohen Zugkräfte durch die Stagen und des hierdurch im Mast entstehenden Stauchdrucks muss ein toppge- takelter Mast über seine ganze Länge – vom Fuß bis zum Topp – besonders biegesteif sein. Er darf also nicht, wie beim 7/8-Rigg üblich, zum Topp hin ver- jüngt werden. Folglich werden toppgetakelte Masten aus nur einem Mast- profil hergestellt und lassen sich daher auch nur in engen Grenzen biegen. Das bedeutet für den Segelmacher, dass er das Großsegel flacher schneiden muss als für ein 7/8-Rigg.

Die typische Verstagung eines toppgetakelten Mastes besteht aus:

- zwei Oberwanten
- Vor- und Achterstag
- zwei vorderen Unterwanten (oder einem Babystag)
- zwei achteren Unterwanten

Diese Verstagung ist unproblematisch zu handhaben und gilt als besonders hartwettergerecht.

Die Oberwanten-Püttings befinden sich etwa querab des Mastes. Die Püttings der achteren Unterwanten sind achterlich, die der vorderen Unterwanten vor- lich davon montiert. Statt der beiden vorderen Unterwanten wird manchmal ein Babystag gefahren. Dieses greift in Höhe der Saling an und wird mittschiffs auf das Vordeck oder die vordere Kajütwand geführt. Statisch gesehen erfül- len vordere Unterwanten oder ein Babystag die gleiche Aufgabe. Beide sor- gen dafür, dass der Mast im Salingsbereich nach vorn gezogen wird.

Bei der Verankerung eines Babystags im Deck muss darauf geachtet werden, dass sich das Deck durch die hohe Zugbelastung nicht anhebt oder gar beschä- digt wird. Ein Babystag vereinfacht zwar die Verstagung – schließlich spart man ein Stag – behindert aber die Übernahme eines Vorsegels beim Wenden. Denn Schoten und Segel schamfilen am Babystag und verlangsamen das Wen- demanöver. Dieser Nachteil kann jedoch mit einem etwa 1,50 Meter langen Kunststoffrohr beseitigt werden. Ein solches kann man im Sanitärhandel kaufen. Es wird einfach über das Babystag gestülpt, sodass Schot und Segel schonend und leichter am Stag vorbeigleiten können. Solche Kunststoffrohre eignen sich ebenfalls zum Überziehen der vorderen Unterwanten. Auch dort

Die Spannung des Babystags wird durch die Position des Schlittens auf der Schiene bestimmt. Wird dieser nach links gezogen, zieht das Babystag den Mast im Salings-bereich nach vorn, das Großsegel wird flacher.

reiben sich Schot und Segel. Bei den Oberwanten tritt dieses Problem weniger auf.

Der Grundtrimm des Mastes

Nach dem Setzen des Mastes sollten zunächst sämtliche Stage – ohne sie zu spannen – angeschlagen werden. Jetzt beginnt man mit dem Grundtrimm. Zunächst wird die Länge des Vorstags bestimmt. Soll der Mastfall erhöht werden, so müssen Toggles zwischen Wantenspanner und Vorstag-Pütting eingefügt werden. Nachdem der Fall festgelegt worden ist, können die Oberwanten stramm durchgesetzt werden. Die Gleichmäßigkeit des Durchsetzens, also die Senkrechtstellung des Mastes in Boots-Querrichtung, kann leicht kontrolliert werden: Das Großfall wird hierfür so weit gefiert, bis der Fallschäkel beispielsweise das Steuerbord-Seitendeck im Bereich des Oberwanten-Püttings gerade berührt. Anschließend wird, bei belegtem Großfall, der Schäkel zur Backbordseite in analoge Position gebracht. Aus einer möglichen Abstands-differenz zum Deck kann auf eine schiefe Maststellung geschlossen werden, die dann sofort korrigiert werden muss.

Die Unterwanten greifen in Höhe der Saling an. Werden die achteren Unter-wanten gefiert und die vorderen stramm durchgesetzt, dann wird der Mast im Salingsbereich nach vorn gezogen. Der Mast biegt sich. Bei extremer Bie-gung wird der Masttopp wieder leicht nach unten verlagert. Die Oberwanten müssen erneut durchgesetzt werden, damit der Topp bei viel Wind nicht nach Lee ausweht und damit Lose auf das Vorstag bringt.

Schließlich wird mit dem Achterstagspanner die Vorstagspannung geregelt. Der richtige Grundtrimm ist dann erreicht, wenn der Mast, ohne dass Segel gesetzt sind, eine leichte Vorkrümmung erhalten hat. Sie ist notwendig, weil der Masttopp durch ein stramm durchgesetztes Vorsegelfall wieder gerade gezogen wird. Ohne diese Vorbiegung würde der Mast in die »verkehrte« Richtung biegen. Die Folge: Das Großsegel würde bauchig und im Achterliek zu sehr schließen. Dieser Trimm ist eine weit verbreitete Ursache für starke Luvgierigkeit, da der Wind übermäßig kräftig gegen die Lattenpartie drückt und damit ein luvendes Moment hervorruft.

Der im Hafen eingestellte Trimm muss während des Segelns bei frischem Wind noch einmal beobachtet werden. Vor allem hoch am Wind. Biegt hierbei der Topp nach Luv, dann müssen die Unterwanten stärker durchgesetzt werden. Biegt er hierbei nach Lee, sind die Oberwanten zu lose.

Da bei einem toppgetakelten Boot die Vorsegel verhältnismäßig größer sind als auf einem 7/8-gerigten, muss auf besondere Sorgfalt beim Trimmen der Vorsegel geachtet werden.

Noch ein Hinweis zum Trimmen der Unterwanten: Niemandem kann an Bord zugemutet werden, während des Segelns mit Werkzeug über Deck zu traben, um mit Schraubenzieher, Zange und Schraubenschlüssel die Wantenspanner und deren Kontermuttern und Splinte zu bedienen, um den Trimm des Mastes zu beeinflussen.

Die unterschiedliche Spannung der Unterwanten lässt sich viel einfacher und sehr wirkungsvoll mit Taljen einstellen. Es werden jeweils die beiden achteren und die beiden vorderen Unterwanten mit zwei Taljen (mit Belegvorrichtung) miteinander verbunden. Quer übers Boot.

Das Achterstag eines toppgetakelten Mastes erfordert eine besonders kräftige Spannvorrichtung. Taljen sind in der Regel unbrauchbar, da mit ihnen nicht genügend Zugkraft erreicht werden kann. Der abgebildete Spanner hat zwei herausklappbare Handgriffe, mit denen er bedient werden kann.

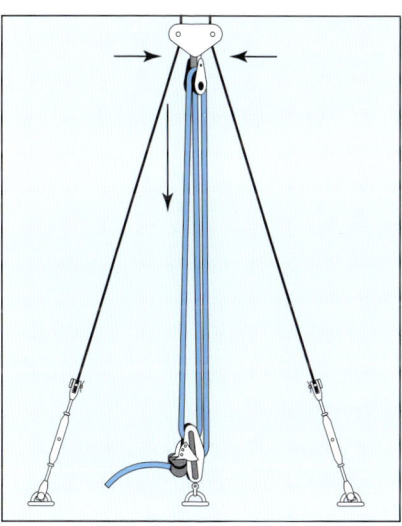

Werden zwei Achterstagen gefahren, kann auf kleineren Yachten auch mit solcher Spannvorrichtung (Talje) genügend Vorstagspannung erzeugt werden.

Diese Taljen müssen gegen ein Hochrutschen gesichert werden, beispielsweise durch Drahtklemmen auf den Wanten; bewährt hat sich auch eine Leine, die jeweils ein Ende jeder Talje nach unten hält. Die Befestigung der vier Taljenenden an den Wanten sollte mit großscheibigen Drahtblöcken erfolgen, diese gleiten an einem Ende der Taljen am Want entlang und verhindern ein Abknicken der Stagen.

Zieht man nun beispielsweise die Talje der vorderen Unterwanten zusammen, dann werden auch die beiden Unterwanten zusammengezogen. Sie werden gleichmäßig gespannt; der Mast wird im Salingsbereich nach vorn gezogen. Das Großsegel wird flacher. Die Talje der achteren Unterwanten muss hierbei entsprechend gelöst werden.

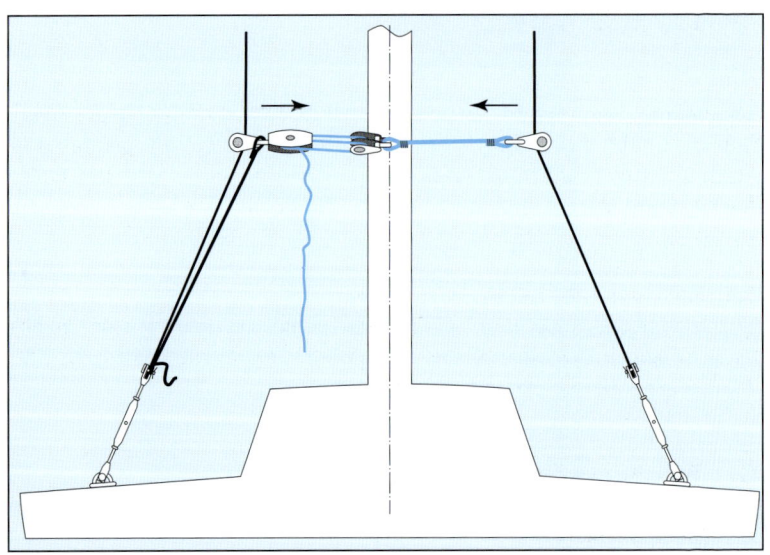

Die Spannung der Unterwanten kann mit einer Talje eingestellt werden. Es wird jeweils eine Talje für die beiden vorderen und die beiden achteren Unterwanten benötigt.

Der Trimm bei Leichtwind

Auf einem Amwind-Kurs

Um das Großsegel bauchig zu trimmen, wird der Mast durch lose Unterwanten und ohne viel Achterstagspannung gerade getrimmt. Durch das Lösen des Achterstagspanners wird auch ein leichtes Durchhängen des Vorstags erreicht. Hierdurch wird die Genua bauchiger.

Auf einem Raumschots-Kurs

Der Trimm ähnelt dem auf einem Amwind-Kurs, jedoch können zusätzlich die achteren Unterwanten kräftig gespannt werden, um den Mast »negativ« zu biegen und somit das Großsegel besonders bauchig einzustellen. Durch ein weiteres Entlasten des Achterstags wird auch das Genua-Vorliek noch weiter nach Lee durchsacken, sodass die Genua nun maximale Profiltiefe erhält.

Der Trimm bei Mittelwind

Auf einem Amwind-Kurs

Die vorderen Unterwanten werden umso dichter gesetzt, je bauchiger das Segel geschnitten ist. Mit ihnen wird quasi der Bauch aus dem Segel gezogen. Außerdem muss das Achterstag dichter gesetzt werden, um den Mast zusätzlich zu biegen und um vor allem das Vorstag zu strammen. Jetzt hängt das Vorliek der Genua nicht mehr so weit durch; das Profil wird flacher.

Auf einem Raumschots-Kurs

Um dem Großsegel ein maximal bauchiges Profil zu geben, müssen die achteren Unterwanten gespannt werden. Auch das Achterstag wird gelöst, um die Genua so bauchig wie möglich zu trimmen.

Der Trimm bei Starkwind

Auf einem Amwind-Kurs

Um den Mast maximal zu biegen und um das Vorstag bestmöglichst zu spannen, müssen die vorderen Unterwanten besonders strammgezogen und das

Achterstag »bis zum Anschlag« durchgesetzt werden. Das Maximum ist erreicht, wenn das Großsegel flach genug getrimmt ist. Stets muss die Mastbiegung der Vorlieksrundung eines Segels angepasst werden. Es ist vor allem im Seegang dringend darauf zu achten, dass der Mast im Salingsbereich nicht zu viel Lose bekommt. Deshalb müssen die Unterwanten unter Spannung gehalten werden. Nach dem Dichtziehen der vorderen Unterwanten müssen auch die achteren nachgesetzt werden. Wird dieses nicht bedacht, kann es im Salingsbereich zu hohen Bewegungsmomenten (Schwingungen) kommen, die schließlich zu einem Stauchbruch des Mastes führen können.

Entlasten Sie das Rigg nach dem Segeln, um die Verbände Ihres Bootes zu schonen.

Auf einem Raumschots-Kurs

Solange das Boot noch sicher zu handhaben ist, kann der für Mittelwind empfohlene Trimm beibehalten werden. Beginnt es jedoch härter zu wehen, muss das Großsegel durch mehr Achterstagspannung und Dichtersetzen der vorderen Unterwanten abgeflacht werden.

Das 7/8-Rigg mit gepfeilter Saling

Beim 7/8-Rigg greift das Vorstag unterhalb des Masttopps an. Die mathematische Bezeichnung »7/8« hat nur noch eine historische Bedeutung. Sie stammt von der vor vielen Jahren in Deutschland benutzten Kreuzer-Renn(KR)-Formel für Seekreuzer. Diese nationale Regatta-Ausgleichsformel begünstigte den Befestigungspunkt des Vorstags auf 7/8 der Gesamt-Masthöhe. Das Vorstag griff also 1/8 unterhalb des Masttopps an. Heute noch spricht man von einem 7/8-Rigg, auch wenn das Vorstag in beliebiger Höhe des Mastes angreift. Bezeichnungen wie 13/14 oder 11/12 sind nicht üblich, auch wenn das Vorstag – mathematisch gesehen – genau auf dieser Höhe befestigt sein sollte.

Der Vorteil des 7/8-Riggs gegenüber dem toppgetakelten Mast liegt im größeren Biegevermögen. Hierdurch kann das Großsegel-Profil sehr viel wirksamer den unterschiedlichen Wind- und Wellenbedingungen angepasst werden. Die Trimm-Bandbreite ist größer. Es kann dementsprechend ein viel bauchigeres Großsegel gefahren werden. Dieses begünstigt die Leichtwind-Eigenschaften. Das bauchige Profil kann andererseits bei härterem Wind durch die größere Mastbiegung auch wieder flacher getrimmt werden. Dieses begünstigt die Hartwetter-Eigenschaften.

7/8-getakelte Masten werden in der Regel zum Topp hin verjüngt. So können sie durch hohe Achterstagspannung leichter nach achtern gezogen werden. Bei stark verjüngten Masten wirkt sich dieser Zug vor allem auf den oberen Teil des Mastes aus. Das Großsegel wird also besonders im oberen Bereich flach getrimmt und das Achterliek geöffnet. Hierdurch wandert der Segeldruckpunkt weiter nach unten; das Boot kann aufrechter gesegelt werden.

Weniger verjüngte Masten reagieren auf ein Dichtholen des Achterstag-Spanners anders. Sie biegen weniger stark im oberen Mastbereich, der Zug des Achterstags überträgt sich mehr auf die gesamte Mastlänge, also auch auf den unteren Bereich. Die Biegekurve des Mastes ist gleichmäßiger über die Länge verteilt. Soll der Segelmacher ein optimal geschnittenes Großsegel anfertigen, so muss er über das Biegeverhalten des Mastes Bescheid wissen. Nur dann kann er die Vorlieksrundung – und damit die Profiltiefe des Segels – der Mastbiegung anpassen. Hierfür ist die Aufnahme einer Mast-Maximalbiegekurve erforderlich. Sie kann von der Crew leicht selbst ermittelt werden. Wie, das wird im Kapitel »Ein neues Großsegel wird bestellt« erläutert.

Der Grundtrimm des Mastes

Nach dem Setzen des Mastes sollten zunächst sämtliche Stagen – ohne diese zu spannen – angeschlagen werden. Jetzt kann mit dem Grundtrimm begonnen werden. Er entspricht hinsichtlich des Mastfalls genau dem Grundtrimm des toppgetakelten Mastes. Nachdem der Mastfall festgelegt worden ist, kann mit dem Spannen der Oberwanten begonnen werden. Diese üben, wenn sie gespannt werden, einen beiderseitigen Druck auf die Saling aus. Da die Saling gepfeilt ist, pflanzt sich dieser Druck in Richtung der Pfeilung – also schräg nach vorn – zum Mast hin fort. Dadurch wird der Mast im Salingsbereich nach vorn gedrückt; er biegt sich nach vorn durch. Je kräftiger die Oberwanten durchgesetzt werden, desto größer wird auch die Mastbiegung. Eine weitere Beeinflussung der Mastbiegung erfolgt durch die Pfeilung der Saling (»Salingswinkel«).

Angenommen die Saling wäre überhaupt nicht gepfeilt, dann könnte der Mast im Salingsbereich auch keinen Druck nach vorn erhalten. Die Folge: Der Mast würde nicht biegen. Je stärker eine Saling gepfeilt ist, desto größer ist der

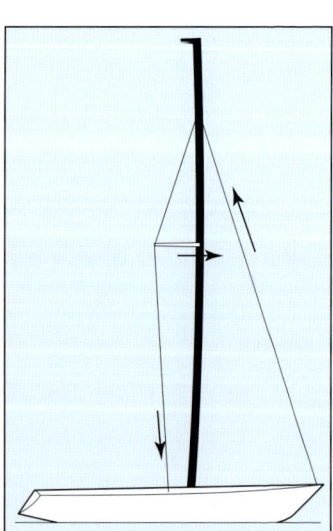

Hohe Oberwantenspannung erzeugt ein strammes Vorstag und eine Mastvorbiegung im Salingsbereich.

Druck der Saling gegen den Mast. Eine stärkere Mastbiegung ist das Ergebnis. Ein Mast biegt umso mehr, je länger die Saling ist, denn umso wirkungsvoller wird die Druckkomponente der Oberwanten gegen die Saling. Eine
ausladende Saling hat jedoch den Nachteil, dass die Genua nicht mehr so eng
geschotet werden kann. Das Boot läuft geringere Höhe.
Bevor die Oberwanten maximal gespannt werden, kann man das Achterstag
kräftig durchsetzen. Hierdurch wird der Mast gebogen und der Ansatzpunkt
der Oberwanten wandert etwas nach unten. Es kommt Lose auf die Oberwanten. Sie können also bei dichtgesetztem Achterstag viel leichter festge-
setzt werden. Und sind vor allem – nach dem Fieren des Achterstag-Spanners
– ganz besonders hart gespannt. Um die von den Oberwanten hervorgeru-
fene Mastbiegung (Vorkrümmung) in den Griff zu bekommen, müssen Unter-

Ist das Ruderblatt am Spiegel aufgehängt, muss der Achterstagspanner geteilt wer-den.

Ein kräftiger Achterstagspanner auf einem 7/8 getakelten 9-Meter-Boot.

wanten vorhanden sein. Die Püttings dieser Wanten sind – wie auch die der Oberwanten – achterlich vom Mast am Rumpf befestigt. Die Unterwanten ziehen den Mast im Salingsbereich nach achtern. Ohne die Unterwanten würde der Mast im Salingsbereich nach vorn wegbrechen. Je stärker die Spannung der Unterwanten, desto gerader wird der Mast getrimmt. Ob nun der Mast nach dem Anziehen der Unterwanten gerade steht, kann durch einen Blick an der Mastnut empor festgestellt werden. Diese Kontrolle sollte nicht nur beim von Segeln unbelasteten Rigg, sondern vor allem auf einem Amwind-Kurs bei frischem Wind erfolgen.

Während bei einem 7/8-Rigg mit Backstagen die Vorstagspannung über das Dichtsetzen des Luv-Backstags erreicht wird, muss diese bei fehlenden Backstagen über die Oberwanten- und Achterstag-Spannung erreicht werden. Je stärker die Oberwanten gespannt werden, desto steifer wird auch das Vorstag, da die schräg nach hinten ziehenden Oberwanten auch den Vorstag-Ansatzpunkt nach achtern ziehen.

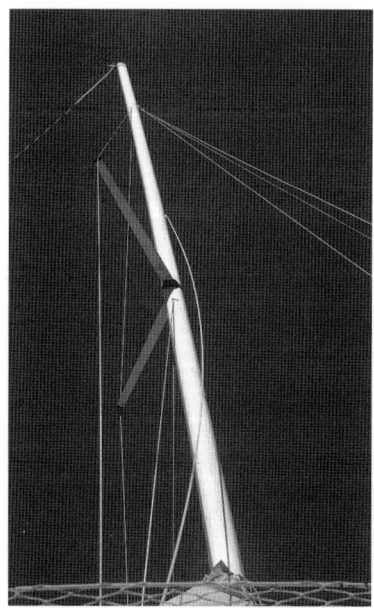

Ein Blick an der Nut entlang: Die Wanten sind gleichmäßig gespannt worden, der Mast steht gerade.

Der Trimm bei Leichtwind

Auf einem Amwind-Kurs

Der Mast wird durch Dichtsetzen der Unterwanten und Lösen des Achterstags gerade hingestellt. Das Großsegel wird bauchig. Bei Seegang kann das Achterliek ganz leicht geöffnet werden, indem das Achterstag etwas gespannt wird. Eine zusätzliche Profilvertiefung bei Seegang kann durch eine etwas höhere Unterwantenspannung erreicht werden.

Auf einem Raumschots-Kurs

Maximale Profiltiefe des Großsegels ergibt sich durch ein besonders strammes Durchsetzen der Unterwanten. Das Achterstag muss hierbei gelöst werden. Hierdurch kann es zu einer »negativen« Mastbiegung kommen. Da die Oberwantenspannung in der Regel konstant bleibt, bleibt auch das Vorstag stramm. Insofern ist das Trimmen eines besonders bauchigen Vorsegels nur begrenzt möglich.

Der Trimm bei Mittelwind

Auf einem Amwind-Kurs

Um das Großsegel etwas abzuflachen, werden die Unterwanten etwas gefiert, bis der Mast *leicht vorgebogen wird* oder – nimmt der Wind weiter zu – eine *noch größere Biegung erhält.* Durch ein mehr oder weniger dichtes Achterstag kann die luvende Wirkung durch den Winddruck auf der Lattenpartie beeinflusst werden. Diese Maßnahme muss also der Schräglage des Bootes angepasst werden.

Auf einem Raumschots-Kurs

Solange das Boot genügend aufrecht gesegelt werden kann, darf auch der Leichtwind-Trimm aufrechterhalten bleiben. Nimmt der Wind zu, muss das Achterstag etwas dichter gesetzt werden, um das Achterliek mehr zu öffnen. Die Unterwanten können bei zunehmendem Wind entsprechend gefiert werden, um dem Mast eine geringe Mastbiegung zu geben.

Der Trimm bei Starkwind

Auf einem Amwind-Kurs

Eine Profiltiefen-Verringerung des Großsegels wird durch eine hohe Achterstagspannung und weit gefierte Unterwanten erreicht. Hierdurch erhält der Mast seine maximale Biegekurve. Eine hohe Achterstagspannung sorgt gleichzeitig für ein strammes Vorstag, sodass auch das Vorsegel automatisch flacher getrimmt wird.

Auf einem Raumschots-Kurs

Wird das Boot zu luvgierig, muss auch auf diesem Kurs das Großsegel durch Lockern der Unterwanten und leichtes Dichtholen des Achterstags zunehmend flacher getrimmt werden.

Das Trimmen der Unterwanten erfolgt in der gleichen Weise, wie es beim toppgetakelten Rigg beschrieben wurde.

Achtung! Fehlerhafter Masttrimm kann bei Hartwetter, vor allem in Verbindung mit hohem Seegang, zum Mastbruch führen:

Ein ungerefftes, flach getrimmtes Großsegel gibt dem Mast durch das gespannte Tuch einen gewissen Halt. Es vermindert ein mögliches Schwingen des Mastes in Boots-Längsrichtung. Bei einem stark gerefften Großsegel jedoch fehlt dieser Halt im oberen Mastbereich, da die stützende Segelfläche nicht mehr vorhanden ist. Der Mast kann hier also freier schwingen, lediglich der Topp wird durch das Achterstag nach achtern gehalten. Wird nun die Großschot hart durchgesetzt, so kommt hohe Zugspannung auf das Achterliek. Diese überträgt sich bis zum Kopf des Segels. Dieser befindet sich etwa zwischen Saling und Vorstagbeschlag. Durch den Schotzug wird also dieser Mastbereich zwischen Vorstagbeschlag und Saling schräg nach achtern gezogen. Dieser Zug wirkt der Mastvorkrümmung entgegen.

Stramm durchgesetzte Oberwanten würden für eine stabile Vorkrümmung des Mastes sorgen und diese neuen statischen Verhältnisse problemlos verkraften. Sind die Oberwanten jedoch nur mäßig durchgesetzt, so ist auch die Mastvorkrümmung weniger stabil. Sie kann, wenn das Boot hart in eine Welle einsetzt, sogar labil werden. Das bedeutet, dass der Mast in Bootslängsrichtung zu schwingen beginnt und schließlich im Salingsbereich nach achtern durchbiegt. Bei einem solchen Kraftakt werden die Salingshälften mit ihren äußeren Enden plötzlich nach vorn gezogen. Es kommt zu Verformungen oder gar zum

Bruch im Bereich der Salingsschuhe. Der Mast bricht. Einer solchen Havarie kann vorgebeugt werden. Wichtig hierbei ist, dass die Mast-Vorkrümmung so stabil wie möglich eingestellt wird. Folgende Trimm-Maßnahmen sind erforderlich:

1. Die Oberwanten müssen sehr stramm durchgesetzt werden.
2. Die Unterwanten müssen weit gefiert werden.
3. Der Großbaum-Niederholer muss stramm durchgesetzt werden, sodass der Baum den Mast kräftig nach vorn drückt.
4. Das Achterstag muss stramm durchgesetzt werden.

Das 7/8-Rigg mit Backstagen

Dieses meist auf Regattayachten verwendete Rigg zeichnet sich durch die folgenden Merkmale aus:

- Vorstag und Oberwanten greifen unterhalb des Masttopps an
- Ober- und Unterwanten werden auf Püttings geführt, die etwa querab des Mastes montiert sind
- Die Saling ist gerade, also nicht gepfeilt
- Die Backstagen greifen in Höhe des Vorstagbeschlags am Mast an

Diese Rigg-Kriterien erlauben eine besonders große Trimm-Bandbreite. Und zwar eine noch größere, als sie vom 7/8-Rigg mit gepfeilter Saling her bekannt ist. Der Mast kann nicht nur noch mehr gebogen werden, zusätzlich lässt sich auch das Mastfall während des Segelns verändern.

Mit einem 7/8-Rigg mit gepfeilter Saling wird die Vorstagspannung durch das Spannen der Oberwanten erreicht. Das funktioniert ganz gut, aber bei weitem nicht so gut wie mit Backstagen. Diese haben vor allem die Aufgabe, das Vorstag steif durchzusetzen, zusätzlich unterstützen sie die Mastbiegung. Aufgrund der günstigen Zugrichtung – sie werden schräg nach achtern zum Heckbereich geführt – lässt sich das Vorstag besonders hart durchsetzen.

Der Nachteil von Backstagen soll nicht verschwiegen werden: Sie sind äußerst »familienfeindlich« oder doch zumindest bedienungsunfreundlich für eine kleine, tourensegelnde Crew. Denn Backstagen wollen präzise und schnell bedient werden. Wer das bei zunehmendem Wind ignoriert, muss auch mit dem zunehmenden Risiko eines Mastbruches rechnen. Dem kann jedoch bei vielen Riggs begegnet werden. Ist das Mastprofil biegesteif genug (Werft fragen), so kann auf die Bedienung der Backstagen verzichtet werden. Sie müssen zwar weiterhin gefahren werden, aber das in einer anderen Variante:

Achterlich der Wantenpüttings werden beiderseits auf den Seitendecks zusätzliche Püttings oder Augbolzen montiert. Die unteren Enden der Backstagen werden mit je einer kleinen Talje (mit Belegvorrichtung) verbunden, die wiederum an diesen Zusatzpüttings eingepickt werden. Ein strammes Durchsetzen dieser Taljen sorgt für ein einigermaßen steifes Vorstag, auch wenn die Zugrichtung der Backstagen jetzt recht ungünstig geworden ist. Es genügt jedoch, um einen Mastbruch zu verhindern. Durch diese Backstag-Position ist die Crew von der Bedienung entlastet.

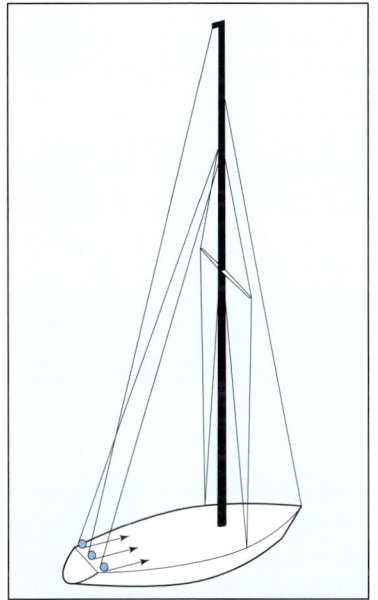
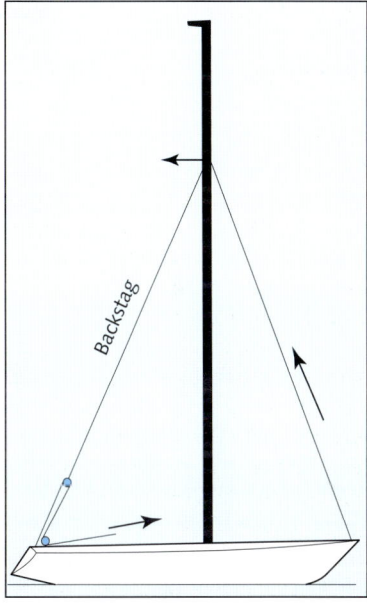

Das 7/8-Rigg mit Backstagen. Die Wanten sind querab des Mastes auf dem Deck angebracht, sodass der Mastfall während des Segelns verändert werden kann.

Eine wichtige Aufgabe der Backstagen ist es, das Vorstag steif durchzusetzen.

Für das Bedienen von Backstagen werden vornehmlich zwei Prinzipien angewendet. Für das Dichtholen auf kleinen Booten, bis zu einer Länge von etwa acht Metern, werden Taljen verwendet. Auf größeren Yachten sind Zweigang-Winschen üblich. Bei der Benutzung von Taljen hat sich ein System bewährt, dass es erlaubt, Grob- und Feineinstellung separat zu handhaben. Die Grobeinstellung wird benutzt, wenn ein großer Backstag-Hub bewältigt werden muss, zum Beispiel beim Halsen oder bei plötzlichem Fieren der Großschot. Die Feineinstellung dient zum strammen Durchsetzen des Luv-Backstags auf einem Amwind-Kurs. Dieses System arbeitet wie folgt: Das vom Mast kommende Draht-Backstag endet etwa einen Meter über dem Heckbereich und wird an diesem Ende mit einem Block versehen. Durch diesen Block

95

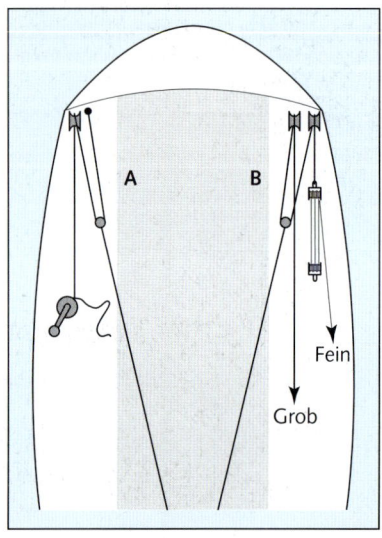

Zwei Anordnungen, um die Backstagen dichtzuholen; entweder mit einer Winsch (A) oder über zwei Taljen mit Grob- und Feineinstellung (B). Letztere ist auf kleineren Booten üblich.

wird eine Tautalje geschoren, deren eines Ende über einen Umlenkblock am Spiegel und zur Belegklemme im Cockpit geführt wird (Grobeinstellung). Das andere Ende dieser zweipartigen Talje (Jolitau) ist wiederum mit einer mehrpartigen Talje verbunden, die ebenfalls in Spiegelnähe befestigt ist und deren holende Part zu einer zweiten Belegklemme im Cockpit geführt wird (Feineinstellung). Beide Belegklemmen müssen schnell erreichbar und leicht zu bedienen sein. Eine Gefahr liegt darin, dass sich die Klemmen unbeabsichtigt lösen können.

Die Biegekurve des Mastes kann bei diesem Riggtyp auch durch den Großbaum-Niederholer beeinflusst werden. Die Trimm-Auswirkungen auf den unteren Teil des Mastes sind abhängig vom Abstand des Lümmelbeschlags zum Mastfuß (wenn der Mast an Deck steht) oder zum Decksausschnitt (wenn der Mast durchs Deck geht und auf dem Kiel steht). Je größer dieser Abstand ist, desto mehr biegt sich der Mast nach vorn, wenn der stramm durchgesetzte Niederholer gegen den Lümmelbeschlag drückt.

Soll der Mast also im unteren Bereich durch den Niederholer gebogen werden, muss darauf geachtet werden, dass sich das Achterliek hierdurch nicht

Die wesentlichen Trimmeinrichtungen wie Achterstagspanner, Backstag-Grob- und -Feineinstellung und Großschotklemme der Heckschotführung sind bei diesem 7/8 getakelten Boot (Fun) gut erreichbar. Auf einen Traveller wird verzichtet.

zu sehr schließt. Es muss eventuell durch ein Strammsetzen des Achterstags wieder geöffnet werden.

Der Grundtrimm des Mastes

Da die Wanten annähernd seitlich des Mastes angreifen, haben sie keinen Einfluss auf die Mastbiegung in Boots-Längsrichtung. Sie sorgen nur dafür, dass der Mast gerade steht, was nach dem Einstellen zunächst der Ober-, dann der Unterwanten sehr gut zu sehen ist, wenn man an der Mastnut entlang hochpeilt. Das Einstellen der Oberwanten erfolgt in der gleichen Weise, wie beim 7/8-Rigg mit gepfeilter Saling mithilfe eines dichtgesetzten Achterstagspanners. Der Mastfall kann beliebig gewählt werden, da er sich später verändern lässt. Die Spannung der Ober- und Unterwanten muss später, während des Segelns, nachkontrolliert werden. Biegt der Topp nach Luv, muss das Luv-Unterwant nachgespannt werden. Weht der Topp nach Lee aus, ist das Luv-Oberwant zu lose.

Bei diesem 7/8 getakelten Boot (J 24) kann der Achterstagspanner auf beiden Seiten des Cockpits bedient werden. Die beiden Klemmen liegen vor dem Traveller.

Der Trimm bei Leichtwind

Auf einem Amwind-Kurs

Durch Lösen des Achterstags wird der Mast aufrecht getrimmt, um dem Großsegel maximale Profiltiefe zu geben. Das Vorliek der Genua wird durch ein nur leichtes Anholen des Backstags nur wenig gespannt, sodass die Genua bauchiger wird.

Auf einem Raumschots-Kurs

Der Masttrimm entspricht dem auf einem Amwind-Kurs. Das Luv-Backstag kann weiter gefiert werden, um der Genua ein besonders tiefes Profil zu verleihen.

Der Trimm bei Mittelwind

Auf einem Amwind-Kurs

Da die Trimm-Bandbreite dieses Riggs sehr groß ist, muss bei auffrischendem Wind auch durchgreifender umgetrimmt werden. Zur Abflachung der Segelprofile wird der Achterstagspanner etwas dichter geholt. Ist das Großsegel im unteren Bereich sehr bauchig geschnitten, kann der Großbaum-Niederholer stramm durchgesetzt werden. Das Luv-Backstag muss sehr dichtgeholt werden, um auch das Vorsegel flacher zu trimmen. Es kann erhöhter Mastfall eingestellt werden, vor allem bei Seegang.

Auf einem Raumschots-Kurs

Die Einstellung der Segelprofile entspricht im Wesentlichen dem bei Leichtwind. Das Luv-Backstag muss jedoch etwas dichter gesetzt werden, um ein Schwingen des Mastes um seinen Fußpunkt herum zu verringern. Ist das Boot nicht mehr zu halten, muss das Achterstag leicht durchgesetzt werden. Kommt der Wind nicht zu sehr achterlich, kann auch weiterhin mit erhöhtem Mastfall gefahren werden.

Der Trimm bei Starkwind

Auf einem Amwind-Kurs

Luv-Backstag, Achterstag und Großbaum-Niederholer werden maximal dichtgesetzt, um die Segel flach zu trimmen. Wird das Großsegel gerefft, muss unbedingt für eine stabile Mast-Vorkrümmung gesorgt werden, damit der Mast nicht brechen kann. Das gilt vor allem bei Seegang. Bei nachlassendem Wind kann das Achterstag wieder etwas gefiert werden, um dem Großsegel mehr Vortriebskraft zu geben.

Auf einem Raumschots-Kurs

Der Trimm entspricht dem bei Mittelwind, jedoch muss das Luv-Backstag dichter geholt werden, um das Arbeiten des Mastes im Seegang einzuschränken. Wird ein Spinnakerbaum gefahren, muss der Großbaum-Niederholer stramm durchgesetzt bleiben! Beachtet man das nicht, kann der Mast durch den Druck des Spinnakerbaums gegen den Mast brechen.

Das Jollenrigg mit gepfeilter Saling

Bei diesem Riggtyp sind die mastbiegenden Faktoren weitaus vielfältiger als die beim 7/8- oder toppgetakelten Rigg, außerdem beeinflussen sie sich teilweise gegenseitig. Das Zusammenspiel aller beeinflussenden Trimmfaktoren zu behandeln, zu bewerten und daraus schließlich »todsichere« Trimm-Bedienungsanleitungen zu stricken ist fast unmöglich. Dafür ist das Gebiet zu komplex und stellt ein fast unerschöpfliches Thema dar. Die in diesem Buch behandelten Aspekte können daher weder vollständig noch absolut sein. Aber es können wertvolle Tipps vermittelt werden, um den richtigen Grundtrimm unter verschiedenen Bedingungen fehlerfrei vornehmen zu können.

Grundsätzlich haben Crew und Segelmacher darauf zu achten, dass die Segelschnitte, insbesondere der des Großsegels, der Biegecharakteristik des Mastes angepasst sein müssen. So mag es generell noch so richtig sein, das Großsegel ab Mittelwind an der Kreuz zu strecken, nur, wird das Großsegel-Profil durch die Biegung des Mastes bereits sehr flach getrimmt und ist das Achterliek hierdurch bereits geöffnet worden, so darf der Vorliekstrecker nicht noch zusätzlich gezogen werden, um wenigstens einen Energierest des Segels zu erhalten. Also: in diesem gar nicht so seltenen Fall, Finger weg vom Cunningham-Strecker. Ein paar Vorliekfalten spielen in diesem Fall eine nur untergeordnete Rolle, viel wichtiger ist es, dass die Profiltiefe mit den äußeren Bedingungen korrespondiert.

Die Biegekurve des Jollenmastes wird von folgenden Faktoren beeinflusst:

- Mastprofil, Bauart
- Länge und Winkel der Saling
- Riggspannung
- Spannung des Großbaum-Niederholers
- Mastkontroller
- Zugwinkel der Großschot

Mastprofil

Je steifer ein Mast ist, desto weniger biegt er, und umso länger bleibt das Großsegel bei zunehmendem Wind bauchig. Ein bauchiges und im Achterliek geschlossenes Segel verursacht mehr Krängung als ein flachgetrimmtes. Ein steifer Mast ist daher für eine schwere Crew geeignet. Diese kann die Jolle auch bei frischem Wind durch ihr Körpergewicht noch aufrecht segeln. Eine leichtere Crew benötigt meist einen biegsameren Mast. Durch sein rechtzeitiges Biegen wird das Großsegel automatisch abgeflacht und im Achterliek geöffnet, vor allem im Toppbereich. Hierdurch wird der obere Bereich des Großsegels vom Winddruck entlastet; die Jolle kann auch mit geringerem Crewgewicht aufrecht getrimmt werden.

Die Wahl des Mastprofils ist weiterhin vom Revier abhängig. Auf einem Binnensee mit relativ glattem Wasser ist ein steifer Mast zweckmäßig, denn das Achterliek kann bei glattem Wasser länger geschlossen bleiben. Auf einem wellenreichen Küstenrevier dagegen ist es vorteilhaft, wenn der Masttopp im Seegang federt und das Achterliek sich den hohen Wechselbelastungen im Seegang anpassen kann. Es öffnet sich bei hoher Belastung, also bei hohem Toppdruck und schließt sich automatisch wieder, wenn der Druck auf der Rückseite einer Welle nachlässt. Hierdurch wird ein gleichmäßiger Vortrieb erzeugt, da sich die Luftströmung besser und harmonischer dem Großsegelprofil anschmiegen kann. Es kommt zu weniger Strömungsabrissen am Achterliek des Großsegels. Schließlich lässt sich die Jolle aufgrund der federnden und damit dämpfenden Wirkung des Masttopps ausgewogener aufrecht segeln, denn dem Toppbereich des Segels werden die Belastungsspitzen genommen.

Saling

Sie muss derart gelagert sein, dass die Salingsspitzen nicht nach vorn ausweichen können, die Saling muss also nach vorn einen Anschlag haben. Noch besser ist es, wenn sie fest sitzt. Hierdurch werden Schwingbewegungen des Mastes im Salingsbereich vermieden. Weiterhin sollte sie einen rechten Winkel zu einer gedachten Geraden zwischen Mast-Wantenansatzpunkt und Wantenpütting bilden, um die Wantenkräfte optimal aufnehmen zu können. Bei falscher Winkeleinstellung tritt ein Kräftemoment auf, und die Saling könnte nach oben oder unten auf dem Want abrutschen.

Die Salingslänge ist mitbestimmend für die Mastbiegung. Eine lange Saling macht den Mast im Toppbereich steifer, der Topp wird also nicht so stark nach Lee auswehen. Das Großsegel-Achterliek bleibt geschlossener. Eine kurze Saling erlaubt dem Mast-Toppbereich eine entsprechend größere Biegung, das entlastet den oberen Bereich des Segels; die Jolle lässt sich leichter aufrecht segeln.

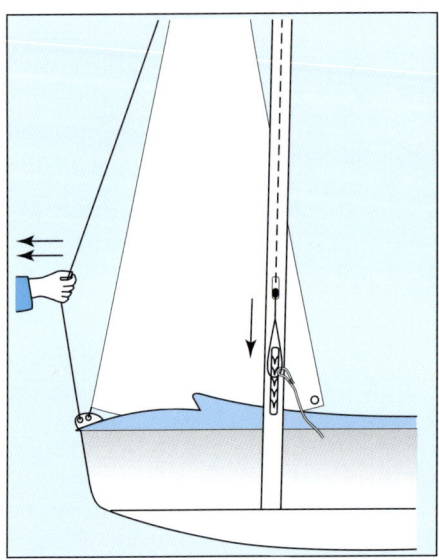 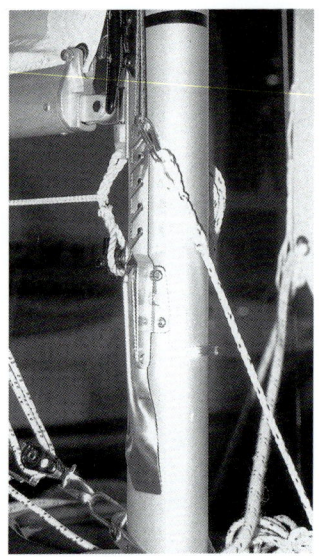

Ist kein Fockfall-Strecker vorhanden, dann kann das Fall trotzdem stramm durchgesetzt werden, indem kräftig am Vorstag gezogen wird, gleichzeitig kann das Ende des Drahtfalls belegt werden.

Ein vorbildlicher Jollen-Fockfall-strecker. Das Drahtfall wird direkt auf einen Hebelspanner geführt.

Der Salingswinkel bestimmt das Biegeverhalten des Mastes nach hinten. Je stärker die Saling gepfeilt ist, desto mehr drückt sie den Mast durch die Spannung der Wanten nach vorn. Das Großsegel wird rechtzeitig abgeflacht, das Achterliek geöffnet.

Eine schwere Crew, die ihre Jolle auch bei frischem Wind noch lange aufrecht trimmen kann, ist daher mit einer wenig gepfeilten Saling besser beraten. Für eine leichtgewichtige Crew, die eine Jolle bei viel Wind nicht mehr genügend aufrecht halten kann, ist eine rechtzeitige Mastbiegung nach Lee und nach achtern zweckmäßig. Das setzt voraus, dass mit hoher Riggspannung gefahren wird, denn nur dann tritt die biegende Funktion durch die Saling ein.

Riggspannung

Eine hohe Riggspannung ist nicht nur erforderlich, um den Mast zu biegen, sondern sie sorgt gleichzeitig auch für eine hohe Vorstagspannung. Sie wird auf den meisten Jollen durch das Fockfall erzeugt. Je härter das Fall durchgesetzt wird, desto mehr Spannung überträgt sich auch auf das Rigg und damit auch auf die Wanten. Ein vorhandenes Vorstag erfüllt in diesem Fall nur noch die Aufgabe, den Mast vorm Umfallen zu schützen, wenn beispielsweise das Fockfall bricht.

Großbaum-Niederholer

Wird der Niederholer stramm durchgesetzt, dann biegt sich der Mast vornehmlich im unteren Bereich. Da der Niederholer zusätzlich die Spannung des Achterlieks kontrolliert, schließt er dieses bei hoher Spannung. Anders als

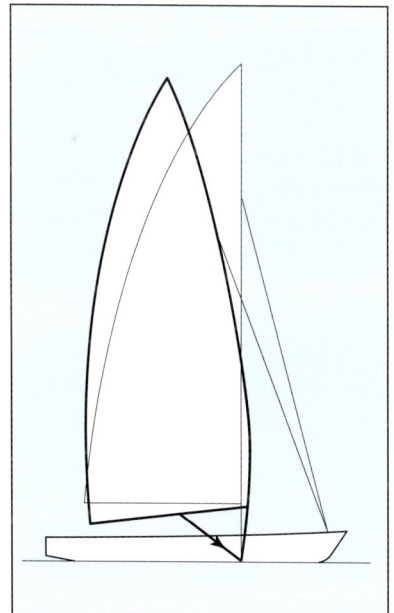

Ein besonders hartes Durchsetzen des Großbaum-Niederholers kann den Trimm des Mastes wesentlich beeinflussen.

103

beim 7/8-Rigg kann das Achterliek dann nicht mehr durch ein Dichtholen des Achterstags geöffnet werden. Dieses Öffnen erfolgt dann nur noch über die Biegung des Masttopps.

Mastkontroller

Der Mastkontroller hat die Aufgabe, die Biegung im unteren Teil des Mastes zu begrenzen. Je weniger der Mast im Decksbereich nach vorn ausgelenkt werden kann, desto geringer ist seine Biegung.

Die technische Ausführung eines Kontrollers kann sehr verschieden sein. Sie reicht von einfachen Holzbrettchen, die im Decksausschnitt vor den Mast gesteckt werden, bis zu Unterwanten, die in Höhe des Lümmelbeschlags angreifen und sogar während des Segelns verstellt werden können. Auch sind längenverstellbare Stangen üblich, die den Mast schräg von vorn stützen. Mastkontroller, die in Höhe des Lümmelbeschlags angreifen – sei es von achtern oder von vorn –, nehmen den Druck des Großbaums direkt auf. Sie kontrollieren die Biegung des Mastes daher besonders wirkungsvoll. Auch dann, wenn der Baumniederholer besonders stramm durchgesetzt wird. Beispielsweise auf einem harten Raumschots-Kurs.

Großschot-Zugwinkel

Greift die Schot senkrecht am Baum an, so wird dieser weder nach vorn noch nach achtern gezogen. Werden die Holepunkte am Baum jedoch nach achtern verlagert, so wird hierdurch der Baum nach vorn gezogen. Ein Vorteil, wenn der Niederholer gefiert bleiben muss, aber das Segel im unteren Bereich durch Mastbiegung etwas flacher getrimmt werden soll.

Der Grundtrimm des Mastes

Nach dem Aufstellen des Mastes muss zunächst der Mastfall bestimmt werden. Je mehr Mastfall gewünscht wird, desto tiefer werden die Wanten in den Loch-Wantenspannern eingestellt.

Bei Booten, deren Wanten während des Segelns verstellt werden können, kann diese Entscheidung später getroffen werden.

Achtung! Bei extremem Mastfall wird der Mastfuß in der Spur verkantet. Er kann daher mit der Vorkante nach vorn herausspringen. Deshalb: entweder

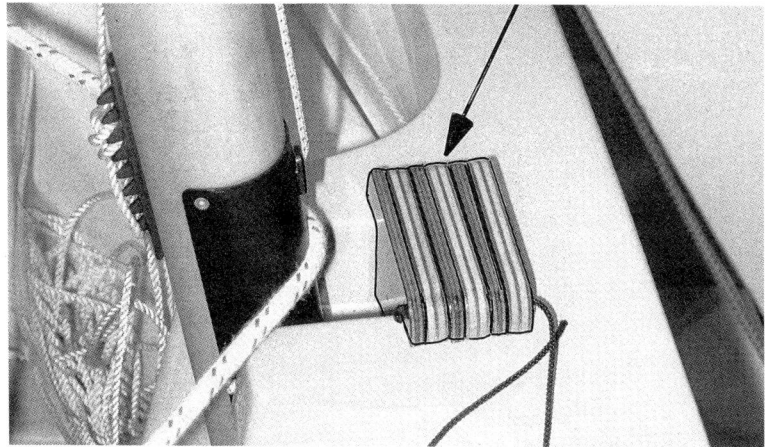

Mastkontroller mit Holzbrettchen. Je mehr Brettchen in den Decksausschnitt hinein-gesteckt werden, desto gerader bleibt der Mast.

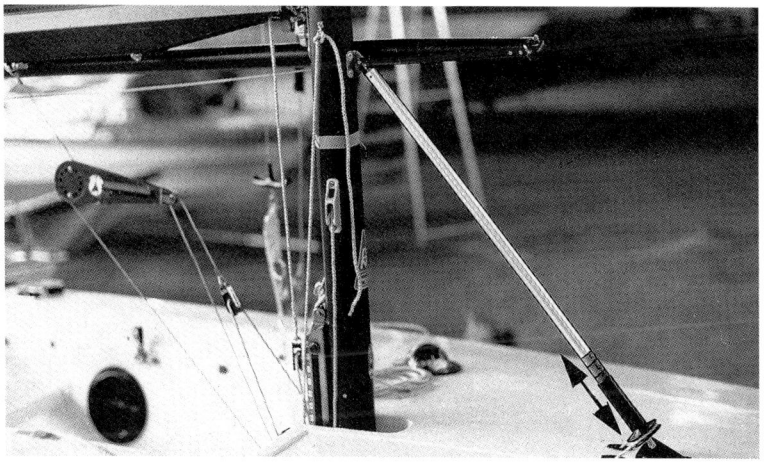

Mastkontroller mit Stange. Durch Drehen des kleinen Rädchens über dem Deck wird die Länge der Stange verändert. Je länger die Stange eingestellt wird, desto mehr wird der Mast nach achtern gedrückt.

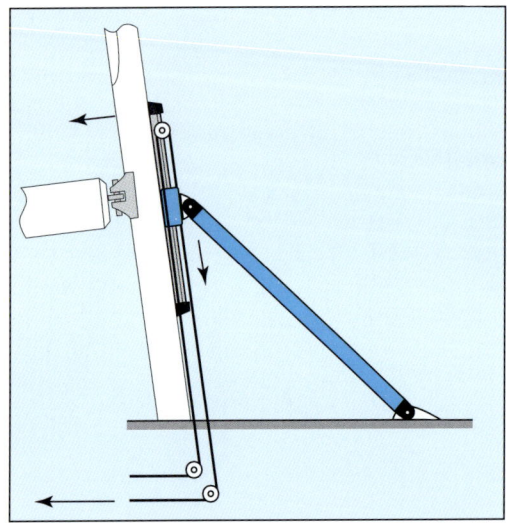

Mastkontroller mit
Stange, deren Winkel
zum Deck verändert
wird. Das obere Ende der
Stange ist mit einem
Schlitten verbunden,
der auf einer Schiene
beweglich ist.

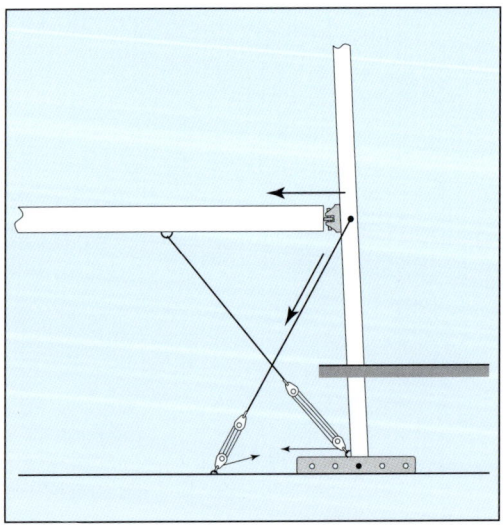

Mastkontroller mit ver-
stellbaren Unterwanten.

den Fuß schräg absägen oder eine besonders sichere Mastfuß-Halterung verwenden.

Normalerweise steht der Mast in einer Mastspur und wird durch einen Decksausschnitt geführt. Dieser muss so schmal sein, dass der Mast kein seitliches Spiel bekommt. Ein zu breiter Decksausschnitt führt zu einer unkontrollierbaren Mastbiegung zur Seite, und das ist schädlich.

Das Spannen der Wanten erfolgt – wie bereits erwähnt – mit dem Fockfall, entweder mit einer Talje oder einem Hebelstrecker. Sollten die Klassenvorschriften solche Streckerhilfen nicht gestatten, kann eine bewährte Methode zum strammen Durchsetzen des Vorliek-Drahtes und der Wanten angewendet werden: Zunächst wird das Vorsegel gesetzt, auf Stagreiter kann hierbei verzichtet werden. Der Vorschotmann zieht nun den Vorstagdraht kräftig nach vorn. Hierdurch wird auch der Mast-Vorstagbeschlag nach vorn gezogen. Es kommt Spannung auf die Wanten und Lose auf das Fockfall. Dieses wird jetzt

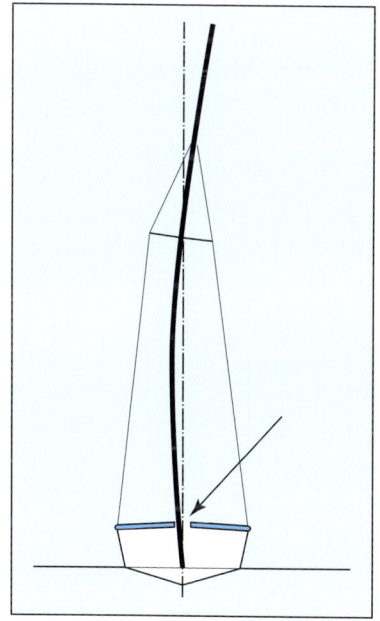

Hat der Mast zu viel seitliches Spiel im Deck, biegt er im mittleren Bereich nach Lee.

107

weiter durchgesetzt und das Ende auf einer Hakenleiste belegt. Nach dem Loslassen des Vorstags überträgt sich der volle Zug auf den im Vorliekssaum befindlichen Draht. Die Spannung des Tuchvorlieks kann – unabhängig von der Spannung des Drahtes – oft mit einem Vorsegel-Cunningham-Strecker eingestellt werden. Das bedeutet, dass selbst bei sehr strammem Draht eine geringe Liekspannung möglich ist.

Der Trimm bei Leichtwind

Auf einem Amwind-Kurs
Der Trimm des Großsegels hängt sehr von seinem Schnitt und vor allem auch von der Größe des Vorsegels ab. Wird eine kaum überlappende Fock gefahren, dann kann das Großsegel bauchiger eingestellt werden, denn der Abwind aus der Fock trifft das Großsegel nur geringfügig. Der Mast muss also gerade hingestellt werden. Das bedeutet:
- Es muss mit geringer Riggspannung gefahren werden, damit die Oberwanten keinen Druck auf die Saling ausüben und somit eine ungewollte Vorkrümmung vermieden wird.
- Der Mastkontroller muss den Mast so weit nach achtern drücken, dass er im unteren Bereich auch die restliche Vorkrümmung beseitigt.
- Der Großbaum-Niederholer sollte gelöst werden.

Wird allerdings eine weit überlappende Genua gefahren, dann muss der vordere, untere Teil des Großsegels mehr abgeflacht werden. Die Abwinde aus der Genua würden sonst im Spalt zwischen Genua und Großsegel »abgekniffen« werden. Diese Trimm-Maßnahme erfolgt vornehmlich durch Erhöhung der Riggspannung, auch durch Verlagerung der Großschot-Holepunkte am Baum nach achtern. Theroretisch klappt das auch durch ein Dichtsetzen des Niederholers, aber – das Achterliek wäre dann zu sehr geschlossen. Es würde sich nur bei frischerem Wind durch den biegsamen Masttopp wieder öffnen. Durch eine geringe Riggspannung erzielt man bei sehr leichtem Wind ein leichtes Durchhängen des Vorstags und damit ein bauchigeres Vorsegel.

Auf einem Raumschots-Kurs
Ein besonders tiefes Großsegelprofil wird erreicht, wenn der Mastkontroller den Mast besonders kräftig nach achtern drückt und die Riggspannung

nochmals verringert wird. Hierdurch kommt zwar wieder etwas mehr Vorstagspannung zustande, aber der Kompromiss lohnt sich dennoch. Das Achterliek wird durch die Niederholer-Spannung geschlossen.

Der Trimm bei Mittelwind

Auf einem Amwind-Kurs
Solange aufrecht gesegelt werden kann, darf auch das Achterliek geschlossen bleiben, jedoch müssen die Segelprofile mit zunehmendem Wind durch die folgenden Maßnahmen abgeflacht werden:
- weitere Erhöhung der Riggspannung
- Lösen des Mastkontrollers
- Dichtsetzen des Großbaum-Niederholers

Das Maß aller trimmenden Eingriffe hängt vom Schnitt des Großsegels und vom Gewicht der Crew ab. Durch die erhöhte Riggspannung wird das Vorsegel automatisch flacher getrimmt.

Auf einem Raumschots-Kurs
Zunächst muss der Großbaum-Niederholer so weit durchgesetzt werden, dass sich das Achterliek fast vollständig schließt. Der Mast wird durch den Kontroller so weit nach achtern gedrückt, dass er im unteren Bereich kerzengerade steht. Die Mastbiegung im oberen Teil kann durch leichte Reduzierung der Wantenspannung erreicht werden. Diese sorgt auch für ein leichtes Durchhängen des Vorstags.

Der Trimm bei Starkwind

Auf einem Amwind-Kurs
Erkennt man rechtzeitig vor einer Wettfahrt, dass diese sehr windig zu werden verspricht, kann die Saling bereits an Land mit größerer Pfeilung eingestellt werden. Vom Handel angeboten, jedoch nur wenig benutzt: ein Salings-Fußbeschlag, der ein Verstellen des Salingswinkels auch während des Segelns erlaubt. Die beiden inneren Enden der Salingshälften sind mit Bedienungsleinen verbunden, die durch den Mast laufen zu einer Streckervorrichtung im Cockpit.

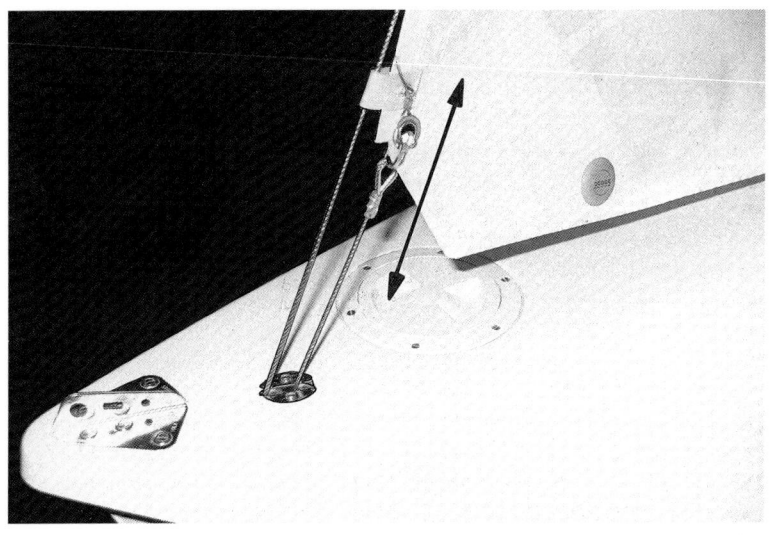

Dieser Draht-Vorliekstrecker wird durch das Deck auf eine Talje geführt, deren holende Part zum Cockpit hin umgelenkt wird.

Nach dem Einstellen der Wanten für den größtmöglichen Mastfall wird zunächst das Fockfall sehr kräftig durchgesetzt. Hierdurch erhält man eine hohe Mast-Vorkrümmung. Eine zusätzliche Mastbiegung wird durch Lösen des Mastkontrollers und hartes Durchsetzen des Großbaum-Niederholers erreicht. Werden markante Diagonalfalten zwischen Großsegel-Vorliek und Schothorn sichtbar, obwohl der Cunningham-Strecker dichtgesetzt worden ist, muss die Mastbiegung verringert werden, beispielsweise durch kräftigeres Anholen des Kontrollers oder durch eine geringere Salingspfeilung.

Durch die hohe Riggspannung, hervorgerufen durch das sehr stramme Durchsetzen des Fockfalls, wird das Vorsegel sehr flach getrimmt. Um den Segeldruckpunkt zusätzlich nach unten zu verlegen, ist ein Öffnen im oberen achteren Bereich notwendig. Das geschieht entweder durch Verlagerung der Schot-Holepunkte nach achtern oder nach oben, oder aber dieses wurde bereits durch die Erhöhung des Mastfalls erledigt.

Beide Methoden sind üblich, wobei die zweitgenannte vor allem auf Rennjollen angewendet wird. Bei beiden Arten stets die richtige Einstellung zu finden bedeutet: üben! Es erfordert, immer wieder den Vergleich mit anderen
Booten zu suchen. Ist die beste Einstellung gefunden worden, müssen
Markierungen an den entsprechenden Stellen gemacht werden.

Die einfachste Art, um das Achterliek zu öffnen, ist sicher das leichte Fieren
der Schot. Das hat jedoch den Nachteil, dass gleichzeitig das Unterliek lose
kommt. Damit wird das Segel bauchiger. Genau das Gegenteil wäre aber bei
Hartwetter und einigermaßen glattem Wasser das Richtige. Das Unterliek
muss stets hart gespannt bleiben. Der erwähnte, etwas bauchigere Trimm
kann bei unangenehmem Seegang vorteilhaft sein; gleichzeitig muss auf Höhe
verzichtet werden. Das können etwa fünf bis sieben Grad sein.

Ein Maßstab für die richtige Öffnung des Achterlieks ist bei einer Genua auch
der Gegenbauch im Großsegel. Ist dieser zu groß und reicht er bis über die
halbe Segelfläche, dann ist das Achterliek zu dicht. Ist allerdings kein Gegenbauch sichtbar und killt das Vorsegel heftig im oberen Bereich, dann muss das
Liek mehr geschlossen werden.

Kann die Jolle trotz eines richtig eingestellten Trimms nicht mehr aufrecht
gehalten werden, dann muss auch der Travellerschlitten nach Lee angestellt
oder gar die Großschot gefiert werden. Bei Jollen mit weit überlappender
Genua werden die Abwinde aus dem Vorsegel ein Anstellen des Travellerschlittens ganz nach Lee allerdings kaum zulassen, denn durch die von Lee
in das Großsegel treffenden Abwinde wird es zurückgedrückt. Die Großbaum-Nock wird in Höhe der Bordwand hin und her geschüttelt werden. In
einem solchen Fall muss auch die Genuaschot etwas mehr gefiert werden.

Das aufrechte Segeln einer Jolle bei Hartwetter wird wesentlich erleichtert,
indem man das Schwert etwa bis zu einem Viertel hochholt. Hierdurch wird
der Druck gegen die Schwertfläche verringert, das Boot »stolpert« nicht so
hart darüber. Es kann insgesamt weiter nach Lee ausweichen. Das krängende
Moment wird verringert. Der Verlust an Höhe wird durch größere Geschwindigkeit (wegen der geringeren Schräglage) mehr als wettgemacht.

Auf einem Raumschots-Kurs

Ist die Jolle noch sicher zu handhaben, darf das Großsegel bauchig und mit
geschlossenem Achterliek eingestellt werden. Die Arbeit mit der Großschot –
und auch mit der Vorschot – bestimmt jetzt sehr wesentlich über »kentern

oder nicht kentern«. Dieser Nervenkitzel kann entschärft werden, wenn das Achterliek des Großsegels leicht geöffnet wird, und zwar durch Fieren des Großbaum-Niederholers. Hierdurch werden Winddruck-Spitzenbelastungen im oberen Segelbereich vermindert, Böen lassen sich einfacher parieren. Wird der Wind allerdings sehr achterlich, muss der Niederholer wieder sehr dichtgesetzt werden, um ein Geigen des Bootes zu vermeiden.

Achtung! Wurde der Niederholer auf einem Amwind-Kurs kräftig durchgesetzt, dann muss er vor dem Abfallen auf einen Vormwind- oder raumen Kurs etwas gefiert werden. Ansonsten kann es passieren, dass zu viel Spannung auf den Niederholer kommt und der Großbaum bricht.

Ein neues Großsegel wird bestellt

Der Schnitt eines Großsegels ist maßgebend für die guten Segeleigenschaften eines Bootes. Ein solcher Schnitt ist nur möglich, wenn der Segelmacher umfangreiche Informationen vom Rigg erhält.

Je stärker ein Mast in Bootslängsrichtung gebogen, also der Topp nach achtern geneigt wird, desto flacher kann das Großsegel getrimmt werden. Die Profiltiefe hängt also von der Biegung des Mastes ab, die richtige Verteilung der Profiltiefen im Segel von seiner Biegecharakteristik.

Einige Masten biegen im oberen Bereich stark, andere haben ihre größte Biegung im unteren Bereich. Der Segelmacher muss daher beim Zuschnitt eines Großsegels diese Mastbiegekurve kennen, um die Vorlieksrundung – und damit die Profiltiefen – der Mastbiegung anpassen zu können.

Die Erstellung einer solchen Mastbiegekurve ist denkbar einfach. Zunächst wird der Mast mit allen zur Verfügung stehenden Trimmeinrichtungen maximal gebogen. Anschließend wird der Großfallschäkel am Lümmelbeschlag (vorderes Ende des Großbaums) eingepickt und das Großfall sehr stramm durchgesetzt. Das Großfall bildet jetzt die Sehne zur Mastbiegekurve. Mit Bootsmannsstuhl und Zollstock werden die waagerechten Abstände zwischen Achterkante (Nut) des Mastes und stramm gespanntem Großfall ausgemessen. Es genügt, diese Werte in senkrechten Abständen am Mast von etwa zwei Metern zu notieren. Das Ergebnis trägt man grafisch verkleinert auf und gibt dieses bei der Großsegel-Bestellung dem Segelmacher.

Aber auch andere Informationen sind dem Segelmacher – und dem Eigner – nützlich, vor allem:

• Bootstyp (Länge, Breite, Gewicht)
• Stabilitätsverhalten des Bootes (Ballastanteil)
• Revier, auf dem gesegelt werden soll
• Windstärken, die dort vornehmlich auftreten
• Hinweise auf Klassenvorschriften
• und die maximalen Liekmaße.

Die Trimmtabellen Alle Trimmtricks auf einen Blick

Trimmtabelle eines Topp-getakelten Mastes

Amwind-Kurs		wenig Wind 1-2		mittlerer Wind 3-4		viel Wind 5-7	
		glattes Wasser	bewegtes Wasser	wenig Welle	viel Welle	wenig Welle	Rauwasser
Mast	Oberwanten	max. dicht	max. dicht	max. dicht	max. dicht	max. dicht	max. dicht
	Vordere Unterwanten	lösen	lösen	etwas dicht	lösen	max. dicht	sehr dicht
	Achtere Unterwanten	lösen	lösen	sehr lösen	lösen	max. lösen	lösen
	Achterstag	lösen	max. lösen	dicht	mäßig dicht	max. dicht	sehr dicht
	Mastbiegung	gerade	gerade	etwas gebogen	fast gerade	max. gebogen	stark gebogen
Großsegel	Vorliek	lösen	max. lösen	durchsetzen	etwas durchsetz.	max. durchsetz.	durchsetzen
	Unterliek	lösen	max. lösen	durchsetzen	lösen	max. durchsetz.	durchsetzen
	Achterliek	leicht offen	offen	geschlossen	etwas offen	fast offen	offen
	Schotzug	lose	max. lose	max. dicht	dicht	max. dicht	dicht
	Baumniederholer	lose	lose	etwas dicht	fast lose	etwas dicht	etwas lose
	Traveller	nach Luv	nach Luv	mittschiffs	mittschiffs	nach Lee	nach Lee
Vorsegel	Vorliek	lösen	max. lösen	durchsetzen	fast durchsetz.	max. durchsetz.	max. durchsetz.
	Schotzug	lösen	max. lösen	max. dicht	dicht	max. dicht	dicht
	Schot-Holepunkt	nach vorn	nach vorn	normal	normal	normal/achtern	normal
	Windfäden in Luv	waagerecht	waagerecht	ca. 30 Grad	ca. 20 Grad	ca. 70 Grad	ca. 60 Grad
	Windfäden in Lee	waagerecht	waagerecht	waagerecht	waagerecht	waagerecht	waagerecht

Trimmtabelle eines Topp-getakelten Mastes

Raumschots-Kurs		wenig Wind 1–2		mittlerer Wind 3–4		viel Wind 5–7	
		glattes Wasser	bewegtes Wasser	wenig Welle	viel Welle	wenig Welle	Rauwasser
Mast	Oberwanten	max. dicht	max. dicht	max. dicht	max. dicht	max. dicht	max. dicht
	Vordere Unterwanten	max. lösen	max. lösen	lösen	lösen	etwas dicht	etwas dicht
	Achtere Unterwanten	max. dicht	max. dicht	dicht	dicht	lösen	lösen
	Achterstag	max. lösen	max. lösen	lösen	lösen	etwas dicht	etwas dicht
	Mastbiegung	negative Biegung	negative Biegung	gerade	gerade	fast gerade	fast gerade
Großsegel	Vorliek	max. lösen	max. lösen	max. lösen	max. lösen	lösen	lösen
	Unterliek	max. lösen	max. lösen	max. lösen	max. lösen	lösen	lösen
	Achterliek	geschlossen	geschlossen	geschlossen	fast geschlossen	etwas geöffnet	etwas geöffnet
	Baumniederholer	leicht dicht	kaum dicht	dicht	dicht	max. dicht	max. dicht
	Traveller	unwichtig	unwichtig	nach Lee	nach Lee	in Lee	in Lee
Vorsegel	Vorliek	max. lösen	max. lösen	max. lösen	max. lösen	lösen	lösen
	Schot-Holepunkt	außen/vorn	außen/vorn	außen/vorn	außen/vorn	außen/vorn	außen/vorn
	Windfäden in Luv	waagerecht	waagerecht	waagerecht	waagerecht	waagerecht	waagerecht
	Windfäden in Lee	waagerecht	waagerecht	waagerecht	waagerecht	waagerecht	waagerecht

Trimmtabelle eines ⁷/₈-getakelten Mastes mit gepfeilter Saling

Amwind-Kurs		wenig Wind 1–2		mittlerer Wind 3–4		viel Wind 5–7	
		glattes Wasser	bewegtes Wasser	wenig Welle	viel Welle	wenig Welle	Rauwasser
Mast	Oberwanten	max. dicht	max. dicht	max. dicht	max. dicht	max. dicht	max. dicht
	Unterwanten	dicht	max. dicht	etwas lösen	etwas lösen	max. gelöst	lösen
	Achterstag	max. gelöst	gelöst	etwas dicht	etwas dicht	max. dicht	max. dicht
	Mastbiegung	gerade	gerade	leicht gebogen	etwas gebogen	max. gebogen	max. gebogen
Großsegel	Vorliek	lösen	max. gelöst	durchsetzen	durchsetzen	max. durchsetz.	durchsetzen
	Unterliek	lösen	max. gelöst	durchsetzen	etwas durchsetz.	max. durchsetz.	durchsetzen
	Achterliek	offen	etwas offen	fast geschlossen	geschlossen	offen	fast offen
	Schotzug	lose	lose	dicht	dicht	sehr dicht	max. dicht
	Baumniederholer	lose	lose	dicht	dicht	max. dicht	max. dicht
	Traveller	nach Luv	nach Luv	mittschiffs	mittschiffs	nach Lee	nach Lee
Vorsegel	Vorliek	lösen	max. lösen	durchsetzen	fast durchgesetzt	max. durchsetz.	max. durchsetz.
	Schotzug	lösen	max. lösen	max. dicht	dicht	max. dicht	dicht
	Schot-Holepunkt	nach vorn	nach vorn	neutral	neutral	neutral/achtern	neutral
	Windfäden in Luv	waagerecht	waagerecht	ca. 30 Grad	ca. 20 Grad	ca. 70 Grad	ca. 60 Grad
	Windfäden in Lee	waagerecht	waagerecht	waagerecht	waagerecht	waagerecht	waagerecht

Trimmtabelle eines $^7/_8$-getakelten Mastes mit gepfeilter Saling

Raumschots-Kurs		wenig Wind 1-2		mittlerer Wind 3-4		viel Wind 5-7	
		glattes Wasser	bewegtes Wasser	wenig Welle	viel Welle	wenig Welle	Rauwasser
Mast	Oberwanten	max. dicht	max. dicht	max. dicht	max. dicht	max. dicht	max. dicht
	Unterwanten	max. dicht	max. dicht	max. dicht	max. dicht	dicht	dicht
	Achterstag	max. lösen	max. lösen	lösen	lösen	fast gelöst	fast gelöst
	Mastbiegung	gerade	gerade	gerade	gerade	etwas gebogen	etwas gebogen
Großsegel	Vorliek	max. lösen	max. lösen	max. lösen	max. lösen	lösen	lösen
	Unterliek	max. lösen	max. lösen	max. lösen	max. lösen	lösen	lösen
	Achterliek	geschlossen	geschlossen	geschlossen	fast geschlossen	fast geschlossen	fast geschlossen
	Baumniederholer	leicht dicht	leicht dicht	dicht	dicht	max. dicht	max. dicht
	Traveller	unwichtig	unwichtig	in Lee	in Lee	in Lee	in Lee
Vorsegel	Vorliek	max. lösen	max. lösen	max. lösen	max. lösen	lösen	lösen
	Schot-Holepunkt	nach vorn	nach vorn	vorn/außen	vorn/außen	vorn/außen	vorn/außen
	Windfäden in Luv	waagerecht	waagerecht	waagerecht	waagerecht	waagerecht	waagerecht
	Windfäden in Lee	waagerecht	waagerecht	waagerecht	waagerecht	waagerecht	waagerecht

Trimmtabelle eines 7/8-getakelten Mastes mit Backstagen

Amwind-Kurs		wenig Wind 1–2		mittlerer Wind 3–4		viel Wind 5–7	
		glattes Wasser	bewegtes Wasser	wenig Welle	viel Welle	wenig Welle	Rauwasser
Mast	Oberwanten	max. dicht	max. dicht	max. dicht	max. dicht	max. dicht	max. dicht
	Unterwanten	max. dicht	max. dicht	max. dicht	max. dicht	max. dicht	max. dicht
	Luv-Backstag	etwas dicht	etwas dicht	sehr dicht	dicht	max. dicht	max. dicht
	Achterstag	max. lösen	max. lösen	mäßig dicht	dicht	max. dicht	max. dicht
	Mastbiegung	gerade	gerade	etwas gebogen	gebogen	max. gebogen	max. gebogen
Großsegel	Vorliek	lösen	max. lösen	durchsetzen	durchsetzen	max. durchsetz.	durchsetzen
	Unterliek	lösen	max. lösen	durchsetzen	etwas durchsetz.	max. durchsetz.	durchsetzen
	Achterliek	offen	etwas offen	fast geschlossen	etwas offen	offen	fast offen
	Schotzug	lösen	lösen	dicht	dicht	dicht	max. dicht
	Baumniederholer	lösen	lösen	dicht	dicht	max. dicht	max. dicht
	Traveller	nach Luv	nach Luv	mittschiffs	mittschiffs	nach Lee	nach Lee
Vorsegel	Vorliek	lösen	max. lösen	durchsetzen	durchsetzen	max. durchsetz.	max. durchsetz.
	Schotzug	lösen	lösen	dicht	dicht	max. dicht	max. dicht
	Schot-Holepunkt	nach vorn	nach vorn	normal	normal	normal/achtern	normal
	Windfäden in Luv	waagerecht	waagerecht	ca. 30 Grad	ca. 20 Grad	ca. 70 Grad	ca. 60 Grad
	Windfäden in Lee	waagerecht	waagerecht	waagerecht	waagerecht	waagerecht	waagerecht

Trimmtabelle eines ⁷/₈-getakelten Mastes mit Backstagen

Raumschots-Kurs		wenig Wind 1–2		mittlerer Wind 3–4		viel Wind 5–7	
		glattes Wasser	bewegtes Wasser	wenig Welle	viel Welle	wenig Welle	Rauwasser
Mast	Oberwanten	max. dicht	max. dicht	max. dicht	max. dicht	max. dicht	max. dicht
	Unterwanten	max. dicht	max. dicht	max. dicht	max. dicht	max. dicht	max. dicht
	Luv-Backstag	etwas fieren	etwas fieren	mäßig dicht	mäßig dicht	dicht	dicht
	Achterstag	max. lösen	max. lösen	max. lösen	max. lösen	dicht	dicht
	Mastbiegung	gerade	gerade	gerade	gerade	gebogen	gebogen
Großsegel	Vorliek	max. lösen	max. lösen	max. lösen	max. lösen	lösen	lösen
	Unterliek	max. lösen	max. lösen	max. lösen	max. lösen	lösen	lösen
	Achterliek	geschlossen	geschlossen	geschlossen	geschlossen	etwas offen	fast geschlossen
	Baumniederholer	leicht dicht	leicht dicht	dicht	dicht	max. dicht	max. dicht
	Traveller	unwichtig	unwichtig	in Lee	in Lee	in Lee	in Lee
Vorsegel	Vorliek	max. lösen	max. lösen	max. lösen	max. lösen	lösen	lösen
	Schot-Holepunkt	nach vorn	nach vorn	vorn/außen	vorn/außen	vorn/außen	vorn/außen
	Windfäden in Luv	waagerecht	waagerecht	waagerecht	waagerecht	waagerecht	waagerecht
	Windfäden in Lee	waagerecht	waagerecht	waagerecht	waagerecht	waagerecht	waagerecht

Trimmtabelle eines Jollenriggs

Amwind-Kurs		wenig Wind 1–2		mittlerer Wind 3–4		viel Wind 5–7	
		glattes Wasser	bewegtes Wasser	wenig Welle	viel Welle	wenig Welle	Rauwasser
Mast	Oberwanten/Vorstag	mäßig dicht	mäßig dicht	max. dicht	dicht	max. dicht	max. dicht
	Kontroller	max. achtern	max. achtern	neutral	neutral	max. vorn	max. vorn
	Salingspfeilung	gering	gering	mittel	mittel	groß	groß
	Baumniederholer	max. lösen	max. lösen	etwas dicht	etwas dicht	dicht	dicht
Großsegel	Mastbiegung	gerade	gerade	gebogen	leicht gebogen	max. gebogen	max. gebogen
	Vorliek	max. lösen	max. lösen	etwas dicht	lösen	max. dicht	dicht
	Unterliek	max. lösen	max. lösen	etwas dicht	lösen	max. dicht	dicht
	Achterliek	etwas offen	etwas offen	geschlossen	etwas geschlos.	offen	fast offen
	Schotzug	lose	max. lose	max. dicht	dicht	dicht	etwas lose
Vorsegel	Traveller	nach Luv	nach Luv	mittschiffs	mittschiffs	nach Lee	nach Lee
	Vorliek	lösen	max. lösen	durchsetzen	durchsetzen	max. durchsetz.	durchsetzen
	Achterliek	geschlossen	geschlossen	geschlossen	fast geschlossen	offen	fast offen
	Schotzug	lösen	max. lösen	max. dicht	dicht	max. dicht	dicht
	Schot-Holepunkt	nach vorn	nach vorn	neutral	neutral	nach achtern	nach achtern
	Windfäden in Luv	waagerecht	waagerecht	ca. 30 Grad	ca. 20 Grad	ca. 70 Grad	ca. 60 Grad
	Windfäden in Lee	waagerecht	waagerecht	waagerecht	waagerecht	waagerecht	waagerecht

Trimmtabelle eines Jollenriggs

Raumschots-Kurs		wenig Wind 1–2		mittlerer Wind 3–4		viel Wind 5–7	
		glattes Wasser	bewegtes Wasser	wenig Welle	viel Welle	wenig Welle	Rauwasser
Mast	Oberwanten/Vorstag	lose	lose	dicht	dicht	dicht	dicht
	Kontroller	max. dicht	max. dicht	max. dicht	max. dicht	dicht	dicht
	Salingspfeilung	gering	gering	gering	gering	mittel	mittel
	Baumniederholer	etwas dicht	etwas dicht	dicht	dicht	max. dicht	max. dicht
Großsegel	Mastbiegung	gerade	gerade	gerade	gerade	leicht gebogen	leicht gebogen
	Vorliek	max. lösen	max. lösen	max. lösen	max. lösen	lösen	lösen
	Unterliek	max. lösen	max. lösen	max. lösen	max. lösen	lösen	lösen
	Achterliek	geschlossen	fast geschlossen	geschlossen	geschlossen	etwas offen	offen
Vorsegel	Traveller	unwichtig	unwichtig	nach Lee	nach Lee	in Lee	in Lee
	Vorliek	max. lösen	max. lösen	max. lösen	max. lösen	lösen	lösen
	Achterliek	geschlossen	geschlossen	geschlossen	geschlossen	etwas offen	etwas offen
	Schot-Holepunkt	nach vorn	nach vorn	vorn/außen	vorn/außen	vorn/außen	vorn/außen
	Windfäden in Luv	waagerecht	waagerecht	waagerecht	waagerecht	waagerecht	waagerecht
	Windfäden in Lee	waagerecht	waagerecht	waagerecht	waagerecht	waagerecht	waagerecht

Notizen

Die **YACHT-BÜCHEREI** ist die preiswerte Bibliothek für eingehendes Fachwissen auf vielerlei Spezialgebieten. Diese Bände sind lieferbar:

Erhältlich im Buch- und Fachhandel

DELIUS KLASING